NAPOLÉON PREMIER

ET

NAPOLÉON II

POEME EN VERS ET EN DOUZE CHANTS

Par C. SALOMON.

PONDICHÉRY

E.-V. GERUZET, IMP. DU GOUVERNEMENT.

1862.

NAPOLÉON PREMIER

ET NAPOLÉON II

NAPOLÉON PREMIER

ET

NAPOLÉON II

POËME EN VERS ET EN DOUZE CHANTS

Par C. SALOMON.

PONDICHÉRY

E.-V. GERUZET, IMP. DU GOUVERNEMENT.

1862.

AVIS AU LECTEUR.

Je me suis longtemps demandé si j'écrirais une préface. C'est une tentation qui assaille souvent, je le crois, ceux qui viennent de terminer un ouvrage. J'y ai résisté : le lecteur m'en saura gré, je l'espère.

Il me semblait, pourtant, que j'avais bien des choses à dire. J'avais d'abord à parler du merveilleux, ressort utile dans certains cas, inutile ou dangereux dans d'autres. Bien des dissertations ont eu lieu à ce sujet. Néanmoins, j'aurais peut-être su joindre ma pierre au tas.... Je me borne à renvoyer à Voltaire qui, dans son *Essai sur la poésie épique*, a dit d'excellentes choses à cet égard, bien qu'il ait, en partie, si je ne me trompe, oublié de les appliquer à son poeme de la *Henriade*.

J'avais aussi à donner les raisons qui m'ont fait adopter le plan que j'ai suivi. J'aurais voulu dire, également que le vrai n'est point à dédaigner, même dans un poeme épique, et que, sans aller

aussi loin que Boileau, j'estime qu'on doit reconnaître à la vérité des avantages que possède bien
rarement le mensonge le mieux imaginé (je ne parle,
bien entendu, qu'au point de vue de l'art) ; car
l'illusion n'est pas toujours facile à obtenir, et c'est
l'illusion seule qui pare la fable. J'aurais ajouté que,
dans une histoire comme celle de Napoléon, où le
merveilleux est dans les faits eux-mêmes, il est tout-
à-fait inutile de se mettre en frais d'imagination....
Mais je m'arrête pour ne pas tomber dans l'inconvénient que j'ai voulu éviter, celui de paraître
prendre en mains la défense de mon œuvre. C'est,
en effet, principalement, cette crainte qui m'a empêché d'écrire une préface.

Sans plus de commentaires, je livre donc mon
poème au jugement du public. J'aurais bien voulu
réclamer son indulgence ; mais je crains que ce ne
soit une précaution inutile, car, franchement, je
pense n'y avoir pas droit. Cette entreprise est trop
audacieuse pour que, moi, poète totalement inconnu,
je sois excusé de l'avoir tentée. Qu'il me soit cependant permis de plaider, en quelques mots, les
circonstances atténuantes.

Est-ce une erreur ? Mais je crois que la littérature
française verrait sa gloire rehaussée par la naissance
d'un poème épique digne d'être placé en parallèle

avec les poemes antiques. Je ne veux pas, par là, dire qu'il faille les imiter dans toutes leurs parties. Au contraire, le poeme épique actuel ne doit pas plus ressembler aux poemes anciens, que la tragédie française ne ressemble à la tragédie grecque, même en traitant un sujet semblable. Égaler et imiter sont deux mots bien différents, et l'accomplissement du vœu que j'émets, accroîtrait, j'en suis convaincu, l'éclat de notre époque qui brille plus, il faut le reconnaître, par les progrès industriels, que par la grandeur et l'importance des œuvres intellectuelles. Par cette dernière assertion, je n'entends pas faire la critique du temps présent : je me borne à constater. Et, si j'avais à donner la raison de cet état de choses, je n'aurais qu'à répéter ce que bien d'autres ont dit : l'activité dévorante, imprimée à tout par les découvertes modernes, s'est étendue jusqu'à la littérature. S'il existe actuellement (et je n'en doute pas) des hommes de génie parvenus à la maturité du talent et capables de créer des œuvres capitales, tous, ou presque tous, entraînés par le torrent de cette activité fébrile, aussi bonne pour l'industrie que désastreuse pour la littérature, se contentent de produire à la vapeur (pour me servir de l'expression consacrée); et si, en agissant de la sorte, ils nuisent à leur renommée future, ils trouvent , dans le présent, des compensations d'un autre genre, lesquelles étaient à peu près inconnues aux temps des Corneille et des Racine. Faudra-t-il donc que des raisons pareilles nous privent d'un chef-d'œuvre épique, alors que nous possédons aujourd'hui un sujet admirable qui, jadis, fit défaut à Voltaire et peut-être aussi à d'autres?

Quoi qu'il en soit, il y a plus de cinq ans, j'ai entrepris ce poeme. L'immensité du sujet était, certainement, au-dessus de mes forces. Je sens bien, toute modestie à part, que j'ai abouti seulement à une tentative, et que le monument à élever à la mémoire du grand homme, malgré mes efforts, n'en est encore qu'à ses fondations ; mais, s'il arrivait que mon essai ne fût pas considéré comme complètement dépourvu de mérite, et s'il avait pour effet de contribuer à secouer l'apathie de celui ou de ceux que le ciel a pourvus des dons nécessaires pour mener à bonne fin une œuvre aussi grandiose, je m'estimerais fort heureux, et mon ambition serait pleinement satisfaite, car elle ne m'aveugle pas au point de me faire croire que j'ai créé un ouvrage digne du héros qui en fait l'objet.

J'ai partout désigné Napoléon sous son nom d'Empereur, qui fut naguère son prénom. La raison en est simple. C'est un vieux soldat, un des nombreux admirateurs du grand capitaine, qui parle. Chacun sait que, pour ces hommes héroïques, Napoléon c'était.... Napoléon et non Buonaparte, dénomination dont se servirent plus particulièrement, avec une affectation blessante, les partisans de la Restauration. Ceux-ci avaient leur raison en usant ainsi exclusivement du nom de famille, car il impliquait, pour eux, la méconnaissance de l'Empire, auquel le premier Consul avait été élevé sous le nom de Napoléon. Ce dernier nom, au contraire, rappelait et rappellera toujours le fondateur du premier Empire et de la dynastie actuelle. On comprend facilement, dès lors, pour quels motifs, surtout sous la Restauration, un partisan dévoué du grand homme se serait bien gardé de le désigner sous un autre nom que celui de Napoléon, quelle que fût la phase de cette émouvante existence à laquelle se serait rapporté son récit.

Je n'ai pas fait suivre mon poeme de notes, ainsi que cela se pratique souvent: En voici le motif: mon poeme est totalement historique et renferme un si grand nombre de faits et d'allusions, que les notes nécessaires à leur éclaircissement, pour le cas où le lecteur ne connaitrait pas l'histoire de Napoléon, seraient certainement plus volumineuses que le poeme et, très-probablement, ne feraient que fatiguer l'attention. Il est bien certain que, pour lire

cet ouvrage, il est à peu près indispensable de connaitre l'histoire de Napoléon; mais, aujourd'hui, qui
ne la connait? ou qui ne peut la connaitre à l'aide
des travaux historiques accumulés sur cette époque
mémorable? J'y renvoie donc ceux qui auraient
besoin déclaircissements.

Pondichéry, le 20 mars 1862.

C SALOMON.

ERRATA.

Page 34, vers 8, au lieu de : *haine,* lisez : *colère.*

Page 40, vers 5, au lieu de : *des,* lisez : *les.*

Page 46, vers 10, au lieu de : *le,* lisez *ce.*

Page 48, vers 22, au lieu de : *maître,* lisez : *maîtres.*

Page 65, vers 2, au lieu de : *se virent mal,* lisez: *furent mal;* même page, vers 8, au lieu de · *Charles,* lisez : *Charle.*

Page 66, placer l'alinea au 6ᵐᵉ vers, au lieu du 8ᵉ.

Page 71, vers 7, au lieu de : *perdaient jusqu'à,* lisez : *devaient perdre.*

Page 80, vers 14, un point après le mot *militaire;* même page, vers 25, au lieu de : *Chebress,* lisez : *Chebreiss.*

Page 89, vers 21, *alors* doit être hors la parenthèse.

Page 94, vers 11, au lieu de : *éveillée,* lisez : *dévoilée.*

Page 95, vers 5, au lieu de · *encore,* lisez *encor.*

Page 106, vers 20, au lieu de : *cœur,* lisez : *âme.*

Page 155, vers 2 et 3, le point d'interrogation placé après *but* doit être mis après *poursuivie;* mettre une virgule après *but.*

Page 179, vers 4, au lieu de: *car la prudence,* lisez: *car prudence.*

* Page 185, vers 12, au lieu de : *'e,* lisez : *ce.*

CHANT PREMIER

GÉRARD.

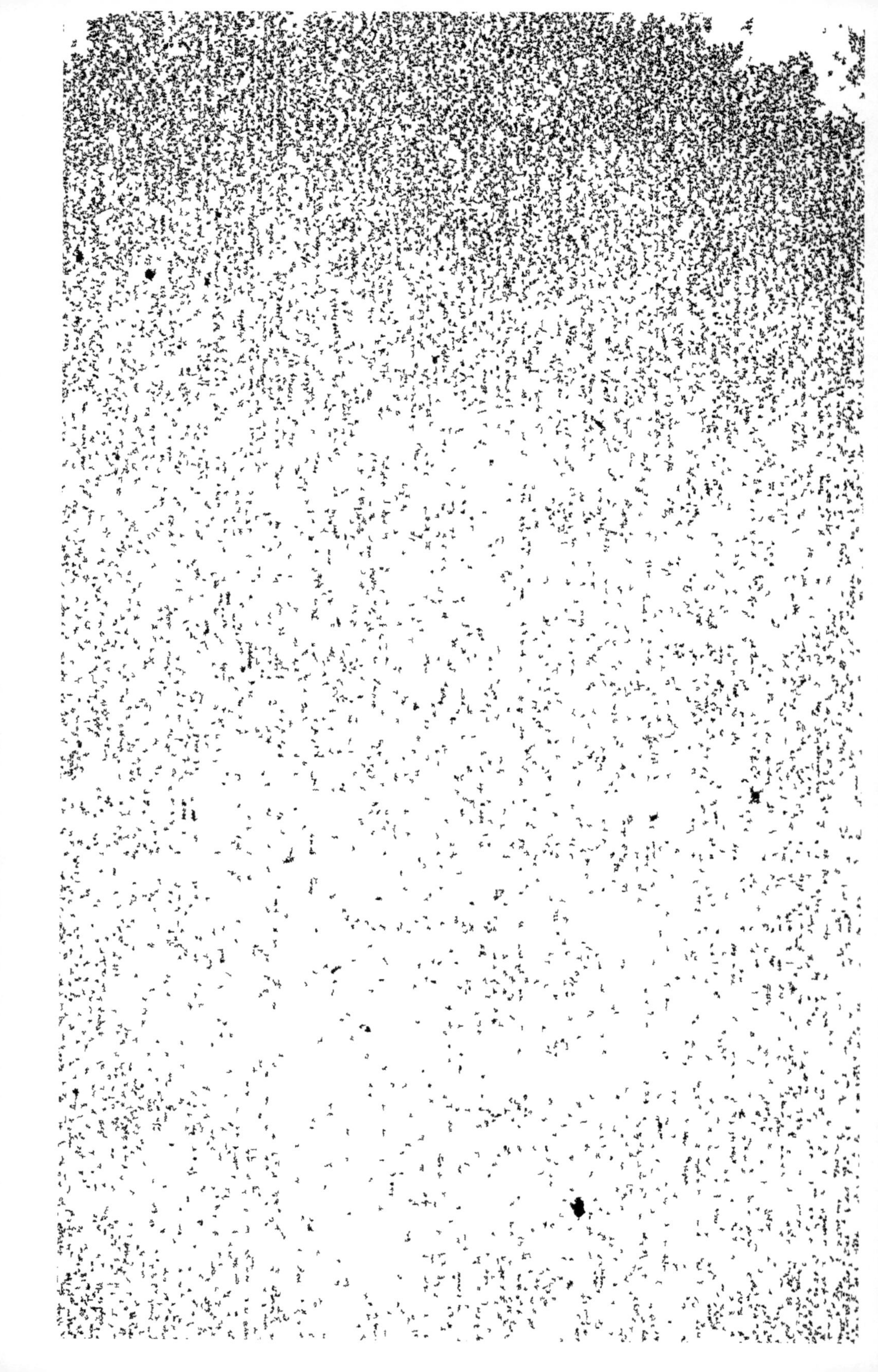

Non loin de l'équateur, il est quelques îlots
Que l'Océan de l'Inde entoure de ses flots.
Leur sol stérile est nu : leur aspect est sauvage.
Dédaignés des humains, ils restent l'apanage
D'innombrables oiseaux dont les cris discordants
Viennent, seuls, animer leurs rivages brûlants.
Parmi tous les essaims de la plage déserte,
Une espèce, parfois, va, courant à sa perte,
De la perfide mer affronter les destins :
C'est le Fou, bien connu de nos braves marins.
O Fou ! le bien nommé, sujet de raillerie,
Dis-moi, qui t'obligeait à quitter ta patrie,
Pour faire ce voyage où tu trouves la mort ?
Hélas ! me répond-il, des Fous tel est le sort :
Je menais doucement ma paisible existence ;
Mais, les yeux fatigués de l'horizon immense,
Dont l'uniformité, pour ma faible raison,

Le faisait ressembler aux murs d'une prison.
J'ai voulu, franchissant de plus vastes espaces,
Aux miens, à mes égaux, faire perdre mes traces.
Je partis, ce matin, comptant sur le succès,
L'esprit tout enflammé par de riants projets :
Et je me demandais quelle terre inconnue,
Allait, vers l'horizon, bientôt frapper ma vue.
C'était certainement un pays enchanteur.
De l'avoir découvert à moi serait l'honneur,
Et, quand la mort viendrait, environné de gloire.
Mon nom, à tout jamais, revivrait par l'histoire.
C'est en rêvant ainsi qu'il partit, l'insensé.
Par la brise perfide il se sentait bercé :
Elle semblait sourire aux efforts de son aile.
Et l'encouragement qu'il recevait en elle.
Fit oublier, hélas ! au pauvre voyageur,
Du chemin parcouru l'effrayante longueur.
Mais la brise augmentait, et, poussé par son guide.
La course de l'oiseau devenait plus rapide.
Croyez-vous qu'il pensait à ses îlots déserts,
A ceux qu'il a quittés et qui lui sont si chers ?
Oh ! non, car, absorbé par son décevant rêve.
Il n'en peut obtenir un seul instant de trève.
Ce projet grandiose est son unique espoir :
Ce but de ses efforts, il l'atteindra ce soir !
Pourtant le soleil baisse, et, sur la mer profonde,
Il ne voit qu'un vaisseau fendant lentement l'onde.
Ah ! qu'il lui fait pitié, qu'il ressent de dédain
Pour l'obscur piéton du liquide chemin.
Soudain la brise tombe et, l'aile appesantie.

L'imprudent voyageur entrevoit sa folie.
Hélas ! il est trop tard, et bientôt, triste sort !
Sous la dent d'un requin il trouvera la mort,
Ou bien, en recherchant un abri tutélaire,
Aux vergues du vaisseau qu'il dédaignait naguère,
Le malheureux ! il tombe aux mains des matelots
Qui, plus tard, livreront ses dépouilles aux flots !

C'est ainsi que, séduit par un brillant mirage,
Le poëte souvent, guidé par son courage,
Sans consulter sa force et ses faibles poumons,
De l'art qu'il chérit tant cherche à franchir les monts,
Et d'un noble idéal l'âme enthousiasmée,
Le voit, mais ne saisit qu'une vaine fumée.

Chanter Napoléon, le héros glorieux,
Cher à tous les Français, quel sujet merveilleux !
— Mais sa grandeur m'effraie et m'éblouit d'avance.
— Eh ! qui vous interdit de garder le silence ?
— Hélas ! s'il écoutait la voix de la raison,
L'oiseau dont j'ai parlé devrait changer de nom :
Et s'il restait au port de peur de la tempête,
Le poëte perdrait son beau nom de poëte !

Dieu, Seigneur tout-puissant, toi, qui tiens dans tes mains,
L'âme, l'intelligence et le cœur des humains,
Soutiens ma faible voix, et, s'il a su te plaire,
Je verrai triompher mon projet téméraire !

Auteurs ingénieux d'aimables fictions,
Les Grecs, trompés bientôt par leurs illusions,

Avaient divinisé, dans leur douce démence,
Les divers attributs de ta toute-puissance.
Ah! s'il m'était permis, partageant leurs erreurs,
D'adrésser un appel aux poétiques sœurs.
Oui, je t'invoquerais, ô Muse de l'histoire,
Toi, qui sais des grands faits conserver la mémoire.
Le mensonge déplait à ta sévérité :
Tu chéris, avant tout, l'impartialité.
Eh! qui donc oserait, héros incomparable,
Pour chanter tes exploits, recourir à la Fable.
Quand, devant ton histoire, embrasant les esprits,
L'imagination voit pâlir ses produits?
Et, dans quel but, chantant le fils de ce grand homme,
Cacherait-on le sort du pauvre roi de Rome!
Sublime enfant qui vis luire sur ton berceau,
Cette aurore d'un jour qui s'annonçait si beau?
La vérité, pour toi, c'est un suprême hommage :
Mânes des deux martyrs soutenez mon courage!

Dans ce vaste château, séjour chéri des rois,
Schœnbrünn qui, des Français, rappelle les exploits.
Voyez-vous ce jeune homme à la pâle figure?
Ses traits sont gracieux, mais sa frêle structure.
Produit de la jeunesse ou d'un mal inconnu.
De lui semble exiger un repos absolu.
Ah! comment amener le calme dans son âme.
Voyez, à tous moments, une brûlante flamme.
Jaillit en longs éclairs de ses yeux pénétrants.
Quel sujet peut causer ces soudains mouvements?

Assis près du bureau qui le voyait sans cesse,
Plongé dans des travaux, l'effroi de la jeunesse,
Il lit en ce moment des récits imposteurs,
Présentés avec art sous des dehors trompeurs.
Celui qui, dans ses mains, tenait sa destinée.
Et qui, de son aïeul, était l'âme damnée,
Ministre d'un pouvoir ombrageux et jaloux.
Peu satisfait d'avoir, sous d'occultes verroux,
Le corps du noble enfant, déplorable victime,
Dont l'illustre naissance était l'unique crime.
Cherchait, par des moyens que l'histoire a jugés.
A convertir son âme à d'affreux préjugés!
Et, malgré ses tyrans, cette âme noble et pure,
Dans leurs récits menteurs, démêlait l'imposture
Hélas! il ne pouvait savoir la vérité.
Mais, innocent vengeur de son père insulté,
Pour lui son cœur était un guide tutélaire.
Ainsi sont expliqués ces élans de colère.
Ce tumulte des sens qui, dans l'isolement,
Dominaient quelquefois le malheureux enfant.
« Eh quoi! murmura-t-il, Français par ma naissance,
« Dois-je vivre et mourir sans connaître la France,
« Sans connaître mon père et son règne si grand.
   Qu'à travers les reflets d'un prisme décevant?
« O Metternich! je sais ta ruse et ta finesse :
« Mais à me bien garder limite ton adresse ;
« Car ta duplicité, que couvre un autre nom.
« Ne pourra, sois-en sûr, pervertir ma raison !
   Mon père est un grand homme et la France l'honore.
   Qu'a-t-il fait pour cela? grâce à toi je l'ignore.

« Ah ! si ton but était de me faire souffrir,

« Ton but est bien atteint, tu peux te réjouir ;

« Mais tu cherches en vain à rabaisser mon père.

« Sa mémoire à mon cœur restera toujours chère.

« Grandi par l'inconnu qui m'étreint, grâce à toi,

« Pour tous, c'est un héros, et c'est un Dieu pour moi ! »

Il se tut et, penchant sa tête appesantie.

Il laissa librement courir sa rêverie.

Hélas ! dans le passé qu'interrogent ses yeux,

A peine entrevoit-il quelques instants heureux :

Alors qu'en ce palais que la Seine côtoie,

Tout entier aux ébats d'une enfantine joie,

L'idole de son père et l'amour des Français,

Il voyait prévenir ses plus légers souhaits !

Un jour, jour à jamais funeste dans l'histoire,

Et qui ne pourra plus déserter sa mémoire,

Il lui fallut quitter ce séjour enchanteur.

Ses cris si déchirants, sa touchante douleur,

Pouvaient-ils apaiser la haine et la colère

De tous ces rois auxquels les destins de la guerre

Ont livré leur vainqueur qui, si souvent pour eux,

N'écoutant que son cœur, se montra généreux ?

Conduit par Montesquiou, sa mère véritable,

Cet enfant exilé, que le malheur accable,

A Vienne va grandir et des soins apparents

Ne peuvent lui cacher les profonds changements

Qui viennent de troubler sa paisible existence.

Son cœur est à Paris, séjour de son enfance.

L'image de son père est toujours sous ses yeux.

Chaque soir, au Seigneur; il fait pour lui des vœux.
Vœux, hélas! superflus : sur son roc solitaire
Le géant dépérit et l'avide Angleterre,
Les regards dirigés sur le héros mourant,
Attend avec ardeur le râle agonisant.
Bientôt l'enfant apprend la fatale nouvelle,
Et de son jeune cœur la souffrance cruelle
Émeut jusqu'aux auteurs de ce forfait affreux.
Dès lors il ne voit plus que des jours malheureux.
Ses goûts et ses instincts, contrariés sans cesse,
D'un long voile de deuil entourent sa jeunesse.

Cependant, au moment où nous l'entrevoyons,
Son cœur n'est plus sevré de consolations.
Une aimable Princesse, à défaut de sa mère,
D'un tendre dévouement entourait sa misère ;
Et le Prince trouvait, dans ces épar   nents,
Force et courage pour supporter ses tourments.
Ah ! qui ne bénirait votre nom, ô Sophie !
Vous qui prîtes pitié de cette pauvre vie ;
Qui sûtes, dans ce cœur et cette âme ulcérés,
Faire rentrer le calme et la paix par degrés !
Vos conseils maternels, votre amitié touchante,
Calmèrent, à la fin, sa fougue impatiente.
Après de longs combats il sut se résigner,
Et, puisqu'un sort jaloux l'empêchait de régner,
Puisqu'il devait, hélas! renoncer à la France,
Même, de la revoir, fuir la douce espérance,
Il fit taire son cœur, et le jeune martyr,
S'il dut vivre dans l'ombre, en héros sut mourir !

Il était plein d'ardeur pour cet art militaire.
Qui, chez lui, paraissait un don héréditaire.
Dans les rangs de l'armée admis par l'Empereur,
Cet aïeul qui (l'on doit le dire à son honneur)
Aimait son petit-fils en dépit du système
Qu'imposait Metternich à son maître lui-même ;
Par son profond savoir et son activité,
Souvent il étonnait tel général vanté.
Mais un si grand effort doit demeurer stérile,
Et le fer innocent que tient sa main débile,
Vierge de sang humain sera bientôt placé
Sur le cercueil touchant du jeune trépassé !

Le Prince tout-à-coup sortant de son long rêve,
Aux pensers importuns semble demander trêve :
Il se lève, descend et ses pas incertains,
Le conduisent bientôt dans de vastes jardins
Où l'art ingénieux, secondant la nature,
Ajoute des attraits à sa riche parure.
C'était l'heure où, du soir, l'agréable fraîcheur
Donne aux fleurs leurs parfums, aux arbres leur vigueur.
A l'instant où le jour rend sa lueur suprême,
La nature, pour nous, se surpasse elle-même,
Et le cœur, bien souvent, pris d'un trouble inconnu.
Sans comprendre pourquoi, se trouve tout ému.

Le Prince qui sentait sa douleur apaisée,
Dans le vague laissait s'égarer sa pensée :
Il suivait un chemin tout bordé de lilas,
En rêvant, quand, soudain, il entendit des pas.

C'était un jardinier venant de sa journée.
Ses cheveux grisonnants et sa tête inclinée
Annonçaient un vieillard. Bientôt, en approchant,
Le Prince l'aperçut redresser lentement
Son corps que distinguait une haute stature.
La résolution sur sa mâle figure,
Brillait d'un vif éclat et, sans être devin,
Le Prince dut penser qu'un contraire destin
Avait forcé cet homme à labourer la terre.
Il l'aborde. — « Vieillard, vous avez fait la guerre,
« Et vous avez bravé le feu plus d'une fois ?
« Étiez-vous des soldats de mon aïeul François ? »
Il parlait allemand pour se faire comprendre ;
Mais l'étrange vieillard, bien qu'il parût l'entendre,
Répondit en français. « J'ai servi l'Empereur ! »
— « L'Empereur mon aïeul ? » — « Oh ! non, mais son vainqueur ! »
Le Prince tout ému s'approche du vieux brave,
Et, soupçonnant déjà que les dangers qu'il brave
Ont quelque but secret qu'il brûle de savoir,
Lui dit à demi voix. « Quel est donc votre espoir ?
« Et pensez-vous longtemps tromper la vigilance
« De ceux qui, surveillant ma pénible existence,
« Me laissent un semblant de vaine liberté
« Pour mieux cacher l'horreur de ma captivité ? »
Mais, alors, le vieillard se rapprochant encore
Du jeune homme inquiet qui, des yeux, le dévore,
Lui parle ainsi tout bas : « Prince, voilà longtemps
« Qu'à travers des dangers sans cesse renaissants,
« J'attendais avec foi que l'heure fût venue
« Où le ciel voulût bien amener l'entrevue

« Qui me permit de dire au fils du grand héros,
« Qu'il verra, si Dieu veut, bientôt finir ses maux ! »
A ces accents voilés, mais remplis d'assurance,
Qui, dans son âme, vont réveiller l'espérance,
Le Prince, on le comprend, soudain a tressailli.
Mais il contient son cœur, et le vieillard poursuit :
« Le lieu n'est pas propice, et j'ai trop à vous dire,
« Pour que, sur mes desseins, je cherche à vous instruire
« En ce moment. Veuillez m'informer si je peux,
« Plus tard et sans témoins, vous transmettre les vœux
« De ces nobles débris, compagnons du grand homme,
« Pour lesquels vous serez toujours le roi de Rome. »
Le vieillard se taisait et l'illustre exilé
Lui dit, d'un son de voix à peine articulé :
« A dix heures, chez moi, vous viendrez me rejoindre.
« Dans l'escalier d'honneur vous n'avez rien à craindre;
« Mais le jardin pourra.... — J'y travaille à présent,
« Adieu, Prince, à ce soir. » Et, d'un prompt mouvement,
Courbant son corps robuste et cachant sa figure,
Il dirigea ses pas vers une allée obscure.

    Immobile un instant, des yeux le Prince suit
L'ombre du vieux soldat qui se fond dans la nuit.
A quels vastes pensers s'abandonne son âme !
« Eh quoi ! se disait-il, la France me réclame.
« Ce pays qu'on me peint tranquille sous ses rois,
« Oubliant ses succès, ses gloires d'autrefois.
« Ceux qui parlent ainsi lui feraient donc injure ?
« Eh bien ! pourquoi douter d'une telle imposture !
« Oh ! oui, tu vis encore, et ton cœur généreux

« Bondit au souvenir de ces jours glorieux,
« Où, sur toute l'Europe, étendant sa puissance,
« Brillait d'un vif éclat le grand nom de la France! »

Alors le pauvre enfant, tremblant d'émotion,
(Ah ! qui n'excusera sa noble ambition)
A pas précipités sillonne l'étendue
De ces vastes jardins. La nuit était venue,
Et nul œil malveillant, grâce à l'obscurité,
Ne surprit le secret de ce cœur agité.
Bientôt il s'arrêta, car il était en nage,
Et son débile corps trahissait son courage.
Dans son appartement il remonta sans bruit :
Un calme relatif s'établissait en lui,
Et ceux qui lui rendaient le devoir ordinaire,
Ne se doutèrent point de l'étrange mystère,
Qui possédait, ce soir, le Prince infortuné.

Mais à l'horloge, enfin, dix heures ont sonné,
Et les vibrations de la cloche sonore,
Dans son cœur palpitant retentissaient encore.
Qu'il accusait déjà le vieillard de lenteur,
Ah ! du noble exilé déplorez le malheur !
Car, voyez, à vingt ans, rempli d'insouciance,
Et possédant encore cette frêle innocence,
Qu'un danger sérieux menace en ce moment.
Cet imberbe jeune homme attend également
L'heure du rendez-vous, hélas ! toujours trop lente.
Mais il verra bientôt répondre à son attente,
Ce cœur, objet si cher à son premier amour !

Et si, plus tard, il doit, comme un autre, à son tour,
Connaître les chagrins, les tourments de la vie,
Eh bien ! ce souvenir, à son âme ravie,
Fera mieux supporter l'atteinte du malheur :
Car, un jour, il a'ma, car il sentit son cœur,
Tout embrasé d'amour, pure et divine flamme,
Qui, seule, a le pouvoir de faire vivre l'âme !
Maintenant, comparez et dites comme nous,
Qu'il est bien malheureux celui qu'un sort jaloux
Sevra de ce bonheur à la fleur de son âge.
Oui, l'amour du pays redouble son courage,
Mais ne voyez-vous pas que ces émotions,
Ces espoirs remplacés par des déceptions,
Briseront, avant peu, cette machine frêle,
Et que l'âme tuera ce corps débile et grêle.

On frappe un coup discret, et le Prince introduit.
Dans son appartement, le vieillard qui, sans bruit,
S'avance, et, contemplant ce visage si pâle,
Ces traits si distingués, ce regard vif et mâle,
A son tour bien ému, de pleurs silencieux
Qu'il ne peut retenir, sent se mouiller ses yeux.
« — Ah ! Prince, il est honteux de pleurer à mon âge,
« Mais il me semble, en vous, revoir la chère image
« De celui que nos cœurs regretteront toujours ! »
« — Sans contrainte, à vos pleurs, donnez un libre cours,
« Noble vieillard ; pleurez cette grande victime :
« Pour elle vos pleurs sont un hommage sublime !....
« Puis, vous satisferez mes vœux impatients,
« Et j'apprendrai de vous par quels événements.

Vous avez cru devoir venir, loin de la France,
« Pour rendre à l'exilé l'agréable espérance
D'un destin plus heureux. Expliquez-moi, surtout,
- Comment un vieux soldat a pu venir à bout
« De tromper Metternich, ce maître en artifice :
« Par quel art, abusant son occulte police,
« Vous sûtes jusqu'à moi pénétrer librement.
A ces mots le vieillard repond en souriant
« — Oh ! je n'ignorais pas combien elle est habile.
« Et je savais aussi qu'il était difficile
« De tromper cet Argus dont les yeux vigilants
« Suivent partout vos pas, vos moindres mouvements
« Pourtant il est certain qu'il a trouvé son maître.
« Comment ? Prince, je vais vous le faire connaître.
« Je me vois obligé de vous parler de moi,
« Instrument sans valeur des braves dont la loi,
Sous les coups du malheur, ne se sent point abattre

« J'atteignais dix-huit ans quand j'appris a combattre
« Dans les rangs glorieux de ces républicains.
« Dont le fer sut briser les orgueilleux dédains
« Des rois coalisés contre notre patrie.
« Celui qui, dans ses mains, des mortels, tient la vie .
« A travers vingt-cinq ans de luttes, de combats,
« M'a fait impunément affronter le trépas.
« Que son nom soit béni! Mais, quand tomba l'Empire,
« Ma douleur qui, parfois, approchait du délire,
« M'eût fait trancher des jours désormais trop pesants,
« Sans un lointain espoir, phare aux feux éclatants.
« Que je voyais briller sur ma triste existence.

« Un jour, m'étais-je dit, sans doute que la France,
« Chassant ceux qu'imposa le fer de l'étranger,
« Reprendra sa vigueur et saura se venger !
« Puisque l'Aigle n'est plus et puisque l'Angleterre
« L'a tué lentement sur un roc solitaire,
« C'est à nous qu'il convient de penser à l'Aiglon.
« De veiller sur les jours du noble rejeton.
« Dans cette vieille garde où j'étais capitaine,
« Tous pensaient comme moi, tous partageaient ma haine
« D'un injuste pouvoir croulant sous ses excès
« Et qu'on verra sous peu disparaître à jamais!

« Prince, un gouvernement doit être populaire.
« La France, croyez-le, chérissait votre père,
« Malgré tous ses malheurs, et le public bon sens
« Ne lui reproche pas tous ces combats sanglants,
« Et ces vingt ans de lutte où, toujours obstinée,
« L'Angleterre engloutit sa grande destinée,
« Au risque d'y périr. Semblable à ce brûlot
« Qui, s'attachant aux flancs du plus puissant vaisseau,
« Y propage le feu qui le détruit lui-même·
« Telle était Albion dans sa fureur extrême,
« Et l'avenir dira s'il agit sagement,
« Ce Pitt qui produisit un tel embrasement !
« Certains que, comme nous, la nation entière
« Regrette son héros, et que, dans sa chaumière,
« Toujours le paysan contemple avec bonheur,
« Le buste ou le portrait de son grand Empereur,
« Nous avons résolu d'apprendre au roi de Rome
« Ce qu'attend le pays du fils de ce grand homme.

« Chargé par mes amis de cette mission,
« Pour satisfaire ici l'interrogation
« Qui m'est faite par vous, concernant l'entreprise
« Que nous avons tentée, il convient que je dise
« Par quels moyens j'ai pu, près de vous, arriver.
« A coup sûr c'est le ciel qui voulut réserver
« A ma fidélité la douce récompense
« D'être, en ce jour, pour vous, l'organe de la France ;
« Et mes efforts que rien ne rebuta jamais
« De mon hardi projet permirent le succès.

« A cette grande époque, à jamais glorieuse,
« Où l'Europe voyait l'Aigle victorieuse,
« Voler sur les clochers de toutes ses cités,
« Vienne et ses environs que j'avais habités
« Grâce aux soins ennuyeux qu'impose une blessure,
« Étaient toujours présents à ma mémoire sûre.
« Je connaissais surtout ce palais où, jadis,
« Le conquérant dictait à des princes soumis
« Des lois dont il a dû regretter l'indulgence.
« De vos gardiens j'avais appris la vigilance.
« Un Français près de vous ne pouvait parvenir :
« Je me fis Allemand et j'ai su réussir.
« Je la savais un peu cette langue ennemie ;
« A la bien prononcer je mis mon énergie.
« Je fus victorieux et, quelques mois après,
« J'entrepris le voyage, espérant le succès.
« J'habitai près de Vienne une bourgade obscure ;
« D'un jardinier je pris le costume et l'allure,
« Et quand je fus, enfin, bien sûr de mon accent,

« Du palais de Schœnbrünn, je pus facilement

« Me procurer l'accès, par des ruses vulgaires......

« Mais c'est assez parler de semblables misères....

« Voulez-vous exaucer notre vœu le plus doux?...

« Ah! je lis dans vos yeux qui répondent pour vous,

« Et Gérard, maintenant, pourra mourir tranquille!»

« —Il ne faut pas mourir : vous m'êtes trop utile,

« O mon brave Gérard, cœur noble et généreux

« Qui prîtes en pitié le sort d'un malheureux.

« Que votre main loyale en la mienne pressée,

« Vous transmette, en ce jour, l'élan de ma pensée,

« Qu'à traduire les mots seraient insuffisants.

« Oh! oui, vous avez bien compris mes sentiments».

« Certes, l'ambition est parfois légitime;

« Mais un mobile tel n'est pas ce qui m'anime.

« Si je doutais encor de l'amour des Français,

« Je saurais, au pouvoir, renoncer sans regrets.

« Leurs vœux me sont sacrés : à vous je m'abandonne,

« Et si, pour l'exilé, trop lourde est la couronne

« Que mon père plaça sur son front imposant,

« Vous saurez l'alléger par votre dévouement.

« J'accepte vos projets, car je sais, par avance,

« Que leur unique but est le bien de la France.

« Il serait superflu de me les détailler :

« Hélas! je ne pourrais ici vous conseiller;

« L'ignorance où je suis des hommes et des choses,

« Des faits dont je ne peux comprendre bien les causes,

« Grâce à ceux qui, plaçant sur mes yeux un bandeau,

« De mon intelligence ont creusé le tombeau.

« Tout cela m'interdit une tâche si belle!

« Mais, Gérard, à cette heure à jamais solennelle,

« Et quand je vois briller l'aurore d'un beau jour,

« Pour que je sois un peu digne de cet amour ,

« Que la France a pour moi, faites-moi donc connaître

« Les exploits du héros dont le ciel m'a fait naître.

« Tronqués et mutilés dans des livres menteurs,

« Ces grands événements, malgré les imposteurs,

« Dans mon cœur ont jeté des germes de lumière,

« Vous, qui l'avez connu, parlez-moi de mon père ! »

— « Eh quoi ! dit le vieillard, cette inhumanité

« Dont je doutais, était une réalité !

« Celui qui s'est rendu coupable d'un tel crime,

« Sous des dehors trompeurs dérobant sa victime

« Aux regards de l'Europe, à ceux de vos amis,

« Vous présentait toujours à votre sort soumis,

« Préférant, aux grandeurs d'un illustre héritage,

« Le duché de Reischtadt et son riche apanage.

« Ils vous calomniaient, mon cœur me le disait ;

« Mais ce qu'aucun de nous, hélas ! ne soupçonnait,

« C'était qu'en vous cachant la gloire paternelle,

« Le vautour qui vous tient dans sa serre cruelle

« Torturait votre esprit par son isolement !

« Ah ! que je suis heureux de pouvoir, maintenant,

« Vous parler de celui qui, pour nous, fut un père,

« Dont la mémoire illustre, aux Français toujours chère.

« Saura braver le temps et vivra dans les cœurs !

« Mes yeux ont, de l'Empire, admiré les splendeurs ;

« Mais pour les retracer ma voix insuffisante,

« Peindra mal, je le crains, cette époque éclatante

« Qui, faisant oublier Alexandre et César,

« De la postérité, fixera le regard !
« Mauvais historien, mais témoin oculaire,
« Le but de mes efforts sera d'être sincère.
« A la vérité seule il convient de venger
« Le grand homme qu'en vain on voudrait outrager,
« Car, malgré son pouvoir, l'affreuse calomnie
« D'un venin impuissant bavera sur sa vie ! »

Le vieillard, un moment, immobile et pensif,
Commença son récit, et le Prince, attentif,
L'âme dans ses regards et respirant à peine,
En silence écoutait. Quelle touchante scène !
Et qui n'admirerait vos desseins, Dieu puissant,
Vous qui, par ce vieillard, instruisez cet enfant;
Et ne permîtes pas que, malgré sa misère,
Le fils mourût avant d'avoir connu son père !

CHANT DEUXIÈME.

TOULON.

Puisque j'apprends, par vous, qu'un calcul odieux,
Digne de vos tyrans, sut cacher à vos yeux
Du grand Napoléon la véritable gloire,
Et, puisque, sans rougir, faisant mentir l'histoire,
Ils vous ont dérobé ses faits les plus marquants,
Je vais tenter, pour vous, la peinture du temps
Dans lequel, tout-à-coup, grâce à la Providence,
Surgit celui qui fut le sauveur de la France.

Sur le haut d'un rocher voyez-vous ce manoir,
Dont les sombres créneaux s'illuminent le soir
Aux rayons adoucis d'un soleil qui décline,
Et, comme avec regret, déserte la colline?
Ses murs, épais et forts, semblent devoir longtemps
Braver avec succès les injures du temps;
Mais un œil attentif qui, de près, les regarde,

Y découvre bientôt mainte et mainte lézarde.
Qui donc expliquera ce symptôme effrayant ?
Un solide rocher leur sert de fondement :
C'est vrai. Mais le rocher, par un peuple innombrable,
Est miné lentement, et sa chute effroyable
Entraîne le château qui tombe avec fracas ;
Et, surpris, tout-à-coup, dans leurs joyeux ébats,
Les innocents auteurs de ce désastre immense
De leur vie ont payé leur peu de prévoyance.
Pour ceux que les débris ne purent écraser,
Pleins d'effroi, quelque temps, ils n'osent avancer.
Tous ces matériaux qui sont gisants à terre,
Ils formaient ce château si superbe naguère.
Libre à chacun, dès lors, d'errer en liberté,
Sans craindre l'ennemi, dans ce lieu dévasté.
Ils hésitent pourtant, car cette informe masse,
Des maîtres d'autrefois semble garder la trace,
Et puis, tout ce désordre, à leurs yeux déplaisant,
Pour leurs paisibles mœurs, n'offre rien de tentant.
En vain quelques brouillons, cette race féconde,
Que Dieu voulut créer pour le malheur du monde,
Prétendent du public diriger les travaux,
Et faire régner l'ordre à travers le cahos ;
Tous leurs nivellements, leurs règles impossibles,
A ce peuple imposant des efforts très-pénibles,
N'aboutissent (hélas ! trop certain résultat)
Qu'à doubler les malheurs du pacifique État,
Et tous ses citoyens, que la terreur domine,
Se cachent dans leurs trous, crainte de la ruine.

Mais, enfin, si l'un d'eux, loin de bouleverser,
D'un ascendant permis pour tous sachant user,
Sans brusques changements rétablit l'équilibre,
Fait respecter les lois et laisse chacun libre
D'user, comme il l'entend, des biens qui sont à lui,
Alors, on peut le dire, un nouveau jour a lui.
Sortant de leur retraite et, sans inquiétude,
Chacun d'eux, désormais, selon son aptitude,
Se livre à des travaux dont l'ensemble étonnant,
Au bien-être de tous sans cesse concourant,
Bientôt a ramené confiance et richesse
En ces lieux où régnaient la crainte et la détresse.
Du castel écroulé les informes débris
D'un peuple industrieux deviennent les abris.
Grâce à la liberté, le manoir inutile
De ses matériaux voit fonder une ville !

Telle la France, alors, du pouvoir féodal
Venait de renverser le régime fatal,
Et, dépassant le but dans sa colère extrême,
D'un roi faible, mais bon, brisait le diadème.
C'est que le souverain avait, pour son malheur,
Oublié que, du peuple autrefois protecteur,
Le roi le soutenait contre la tyrannie
De tous ces hobereaux, fils de la barbarie,
Dont le funeste joug arrêta si longtemps,
Des lettres et des arts, les progrès fécondants.
Enfin la liberté vient chez nous d'apparaître,
Et chaque citoyen ne connaît plus de maître.
Ils le pensent du moins, oubliant qu'ici-bas,

Si l'enfant a besoin qu'on dirige ses pas,
L'homme, en société, doit, pour être tranquille,
Obéir au pouvoir, aussi ferme qu'habile,
Qui sait concilier sa juste autorité
Avec les sentiments de sage liberté,
Qui, dans le cœur humain, prennent leur existence.

Dirai-je quels malheurs assaillirent la France,
Et, pour nous procurer ce don si précieux.
Comment certains rêveurs, certains ambitieux,
Avaient imaginé, dans leur affreux système,
De l'enlever à tous, et, par ce moyen même,
De prouver aux Français qu'ils étaient très-heureux !
Mais laissons dans l'oubli des jours si désastreux !

C'est du sein du cahos où la France, affligée,
Déjà, depuis dix ans, hélas ! était plongée,
Qu'enfin, pour son salut, parut Napoléon
Ah ! que mon cœur ému, prononçant ce grand nom,
Puisse, dans mes accents, mettre un peu de mon âme,
Et vous aurez compris cette ardeur qui m'enflamme !

La Corse est son berceau : ses fiers concitoyens,
Du Génois oppresseur repoussant les liens,
Longtemps ont combattu pour leur indépendance.
Ils ont pu, sans rougir, voir triompher la France,
Et leur noble défaite, exempte de regrets,
Doit aujourd'hui, pour eux, égaler un succès
Sous un riant climat leur île fortunée,
Des charmes du printemps jouit toute l'année.

La neige y brille encor sur le sommet des monts,
Que déjà l'oranger fleurit dans les vallons.

C'est donc là qu'il naquit et qu'il grandit sous l'aile
D'une femme qui fut des mères le modèle.
Je ne vous dirai pas que des signes certains
Annoncèrent alors ses étonnants destins.
Si la crédulité se nourrit de chimères,
Laissons ces aliments aux appétits vulgaires.
Seulement, et cela ne vous surprendra pas,
Un œil observateur put, dès ses premiers pas,
Deviner de l'enfant le futur caractère,
Et cet œil, tout d'abord, fut celui de son père.
Qui pouvait s'y tromper ? Son cœur, sensible et bon,
Pardonnait, mais savait ressentir un affront.
Aussi, pour le laver, poussé par son courage,
Il cherchait des moyens au-dessus de son âge.
Il était emporté ; mais un sain jugement,
Le calme revenu, lui faisait, sur le champ,
Reconnaître ses torts qu'il réparait sans honte.
Son coup-d'œil était sûr, sa mémoire était prompte.
Il était généreux et n'oublia jamais
Tous ceux dont il avait reçu quelques bienfaits.
Sa grande passion, c'était l'art militaire :
Il faut bien l'avouer, il est né pour la guerre ;
Mais qui pourrait nier que l'administrateur
Chez lui du général n'égala la valeur ?
L'ordre et l'exactitude étaient ses deux idoles :
Il trouvait peu d'attraits à ces jouets frivoles
Qui, des autres enfants, sont l'innocent bonheur.

Ses jeunes compagnons l'appelaient le rêveur,
Et le grand ascendant que, sur eux, il sut prendre,
Pour ceux qui l'ont connu, bien facile à comprendre,
Avait sa raison d'être en cette attraction,
Qui, sur tous, du génie établit l'action.

A neuf ans, à Brienne, où le mena son père,
Sans peine il se soumit à la règle sévère
Qui forme la jeunesse aux travaux belliqueux.
Il existait alors cet usage fâcheux
Qui, même de nos jours, encor se perpétue,
De faire aux arrivants payer la bien-venue,
Par de sots procédés, dont on ne comprend pas
L'objet, et dont souvent les fâcheux résultats
Ont brisé l'avenir des plus nobles natures.
Si notre Corse était très-sensible aux injures,
Il savait s'en défendre, et, bientôt, chacun put
Voir, qu'en le tourmentant, il manquerait son but.
On s'écarta de lui; mais, plongé dans l'étude,
A peine entrevit-il dans quelle solitude
On voulait l'enfermer et, bien loin d'en souffrir,
De son isolement il sut se réjouir.

Quoi donc ! étais-tu seul ? N'avais-tu pas tes livres ?
Et ces rêves lointains auxquels déjà tu livres
Ton esprit et ton cœur, ô merveilleux enfant !
Seul t'auraient-ils laissé, ne fût-ce qu'un instant ?

Cependant la science, à ses désirs docile,
Déjà produit des fruits dans ce terrain fertile :

Professeurs, écoliers, ou charmés, ou surpris,
Par ses rares progrès demeurent éblouis.
Aussi, c'est à seize ans, au sortir de l'enfance,
Qu'il dut à son mérite et non à sa naissance,
Dans l'armée, où le pousse un désir bouillonnant.
De pouvoir être admis comme sous-lieutenant.

Il se rend à Valence où son devoir l'appelle :
Aux vains amusements toujours aussi rebelle,,
Là, le jeune officier, dédaigneux des plaisirs,
A de vastes projets consume ses loisirs ;
Mais ne supposez pas qu'en secret il bâtisse,
D'un château d'outre-mont le fragile édifice :
Ses rêves ont un corps, car c'est l art des combats
Qui l'occupe toujours, et l'on ne dira pas
Qu'il ait en vain, vers lui, dirigé ses pensées.
Il affirme déjà qu'hors des routes tracées
Par l'antique routine, il faudrait hardiment
Que cet art désormais portât tout son élan.
Le destin a voulu que l'Europe vaincue
Apprît, à ses dépens, la tactique imprévue
Que méditait alors le futur Empereur.
Mais tout cela ne peut suffire à son ardeur.

Nous sommes au moment où l'immense tourmente,
Sur le point d'éclater, dans les âmes fermente.
Napoléon contemple avec avidité
Ce drame où va bientôt périr la royauté.
Il estime le roi, mais il sait sa faiblesse :
Dans un gouffre béant l'entraîne la noblesse,

Et le trône déjà vacille, chancelant.
Que résultera-t-il de son écroulement?
Ce grand vide, à combler, sera-t-il bien facile?...
Vers de pareils pensers sa volonté fébrile,
Malgré lui le poussait, et son esprit, souvent,
Voyait, dans l'avenir, éclair resplendissant,
Comme une vision splendide, éblouissante,
Qui rendait un moment sa raison chancelante.

Mais, Prince, je poursuis, car vous brûlez, je vois.
D'arriver promptement à ces brillants exploits,
Grâce auxquels, d'un seul bond, il devint, de la France,
Le héros, le sauveur, la plus chère espérance.

Tous les ans, chez sa mère, en Corse il se rendait :
Chéri de tous les siens, sitôt qu'il arrivait,
Il s'emparait soudain du pouvoir domestique
Et son gouvernement, correct et méthodique,
Etait juste, avant tout, mais un peu rigoureux.
Ses frères et ses sœurs (c'est là le merveilleux)
A ses prescriptions se soumettaient sans peine.
Tant son autorité leur semblait souveraine.

Il existait alors, en Corse, deux partis .
De leur hostilité surgissaient des conflits.
Napoléon, bientôt, prit part à leurs disputes :
Il était pour la France en ces ardentes luttes,
Et son opinion l'exposa, bien des fois,
Aux honteux attentats d'ennemis aux abois.

L'assassinat, alors, selon l'usage antique,
Des Corses, trop souvent servait la politique.
Je ne veux pas, ici, longtemps m'appesantir
Sur les nombreux ennuis qu'ils lui firent subir.
Les accusations, la vile calomnie,
Le fer des assassins qui menaçait sa vie,
Rien ne put l'arrêter et, dans d'obscurs travaux,
Un regard sûr eut pu deviner le héros.

Ces combats, ces dangers, cette lutte acharnée,
Semblent pronostiquer, hélas ! sa destinée,
Et la haine que font éclore ses succès,
Rend les Corses, pour lui, précurseurs des Anglais.

Un autre, à ces labeurs au-dessus de son âge,
Livrant complétement son âme et son courage,
S'y serait absorbé ; mais lui, qui sent déjà
Que le chemin qu'il suit ne s'arrête pas là,
Il lit avec ardeur cette Histoire romaine
Dont la mâle grandeur le séduit et l'entraîne.
C'est là qu'il cherche un guide : il le trouve en César
Qu'il admirait dès lors, qu'il surpassa plus tard.
Il ne se doutait pas qu'imitant son modèle,
Un jour la liberté, cette noble immortelle,
Que son cœur chérissait, succombant sous ses coups,
Devrait pour bien longtemps se séparer de nous.
« César, s'écriait-il, aimait la République,
« Et s'il la renversa, c'est que la politique
« De son compétiteur, malgré lui, le força
« De commettre, à la fin, un si grand attentat.

« Oh ! qu'il a dû souffrir, ce fils de la victoire,

« Quand, contre Rome, il dut se servir de sa gloire.

« Mais il faut l'excuser : il sentait sa valeur,

« Et les Romains, en lui, trouvèrent un sauveur.

« La République allait périr dans l'anarchie.

« Sa noble ambition, qu'il paya de sa vie,

« N'était pas d'opprimer ce peuple qu'il aimait,

« Mais il le voulait grand, et, comme il le voyait

« En butte aux factions dont la lutte insensée,

« Compromettait sa force amoindrie, épuisée,

« Il combattit pour lui conserver l'unité

« Qui se conciliait avec la liberté.

« Non, César n'a point cru que sa Rome asservie

« Dût, un jour, supporter l'affreuse tyrannie

« Des despotes cruels que l'histoire a jugés,

« Et ceux qui, répandant de pareils préjugés,

« Sans s'en douter, peut-être, ont fait tort à sa gloire,

« Sont coupables envers son illustre mémoire ! »

Tels étaient les pensers que son âme nourrit
Alors que le malheur, à grands coups, fond sur lui.

Paoli, ce héros, dont le patriotisme
Longtemps pur, mais, plus tard, souillé par l'égoïsme
Voulait que son pays devînt indépendant.
Désirait, avant tout, s'y voir prépondérant.
Jugeant bien la valeur du jeune capitaine,
Il se l'était d'abord concilié sans peine.
Mais, quand Napoléon comprit qu'il trahissait
La grande nation que son cœur chérissait,
Il s'éloigna de lui pour rester à la France.

Alors, de Paoli, telle était l'influence,
Que la Corse, aussitôt, proscrit Napoléon,
Dont elle avait appris à connaître le nom.
Paoli triompha, grâce à notre détresse,
Grâce à la trahison secondant son adresse;
Et, du futur héros, on vit les ennemis,
Sur la mère chercher à se venger du fils.
On brûla sa maison : par une prompte fuite,
Sa famille, à grand'peine, évita la poursuite
De ceux que n'arrêtait l'âge ni le malheur.
Ah ! de Napoléon qui peindra la douleur?
C'est au sein des forêts que ces reines futures,
Que ces imberbes rois subissaient les tortures
Du froid et de la faim, quand leur frère, impuissant,
Monté sur un vaisseau, près des côtes errant,
Cherchait à les sauver de ce péril immense.
Il y parvint enfin, grâce à la Providence.
Vers la France il vogua; puis, bientôt à Paris,
Il se vit entouré de ces êtres chéris
Qui comptaient sur lui seul au sein de leur détresse.
Sans doute, le Seigneur voulut, dans sa sagesse,
Qu'il passât, tour à tour, de l'humble pauvreté
Au faîte éblouissant de la prospérité.
Le futur Empereur trouva plus difficile
De procurer du pain à toute sa famille,
Que d'en faire plus tard des reines et des rois.
A vaincre la misère il parvint toutefois,
Et bientôt, à Toulon, son éclatente étoile
Du brouillard qui la cache a vu tomber le voile.

C'était à ce moment où régnait la Terreur,
Où, des divers partis, la sanglante fureur
De deuil et d'échafauds couvrait la France entière.
Alors, dans le midi, relevant leur bannière,
De nombreux mécontents, royalistes sans foi,
A la France voulaient faire accepter un roi
Dont le règne, à cette heure, était bien impossible.
Réunis dans Toulon, leur haine inflexible
Appela les Anglais, et, dans leurs mains, remit
Arsenal et vaisseaux. Que leur nom soit maudit !
Que la postérité, pour jamais, les flétrisse :
Oui, cette trahison, terrible sacrifice,
A l'esprit de parti souvent dominateur,
Inspirera toujours une trop juste horreur !

Pour reprendre Toulon on rassemble une armée.
Carteaux la commandait ; toute sa renommée
Lui venait de succès remportés récemment
Contre des insurgés qu'il vainquit en courant.
Jadis peintre sans nom, en changeant de carrière,
Comme d'autres, alors, il avait fait la guerre.
Si, grâce à sa valeur, il devint général,
Il ne la soutint pas par un talent égal.
Bien diriger un siège est chose difficile
Et tel, dans un combat, peut passer pour habile
Grâce à l'élan vainqueur qu'il sait donner aux siens,
Qui, devant des remparts, perdant tous ses moyens,
Ne sait pas y trouver un endroit vulnérable
Qui rende aux assiégeants un assaut favorable.
Rien n'était commencé lorsque Napoléon,

Par ordre du pouvoir, se rendit à Toulon,
Pour diriger l'effort de notre artillerie.
Il arrive, il voit tout, et son œil de génie
De son premier regard a découvert, soudain,
Le moyen d'obtenir un triomphe prochain.
Prendre Toulon d'assaut paraissait difficile,
Car les forts escarpés, qui défendaient la ville,
Exigeaient, tour à tour, des efforts différents,
Dont les progrès devaient être coûteux et lents ;
Promptement terminer cette lutte fâcheuse,
C'était, assurément, chose la plus heureuse
Que l'on pût désirer, et, sans perdre un moment,
Il fait au général savoir son sentiment.

« Vous voyez vers le sud ce vaste promontoire,
« Lui dit-il : c'est le Caire, et, vous pouvez me croire,
« Si nous le conservons, nous serons, dans huit jours,
« Les maîtres de Toulon. » Inutile discours !
Car l'orgueilleux Carteaux, tout rempli d'assurance,
Chez qui la vanité dépasse l'ignorance,
Ne connaît qu'un seul plan, c'est de chauffer Toulon,
(Et je me sers, ici, de son expression)
Puis de donner l'assaut. Par bonheur pour l'armée,
Par ses représentants promptement informée,
Grâce à Napoléon, de ce plan merveilleux,
L'autorité suprême, enfin, ouvre les yeux.
Mais, hélas ! si le peintre est près d'elle en disgrâce,
Arrive un médecin pour occuper sa place.
C'est le triste Doppet qui joint la lâcheté
Au défaut plus commun de l'incapacité.

Bien des évènements sont produits par la guerre;
Mais on peut proclamer comme extraordinaire
Un siége dirigé par un jeune officier
Dont les chefs maladroits ignorent leur métier,
Et qui doit redouter plus leur impéritie
Que le feu des canons de la ville ennemie.
Du Caire les Anglais ont, à la fin, compris
L'importance : par eux des forts y sont construits,
Et celui qui, des trois, est le plus formidable,
De petit Gibraltar prend le nom mémorable.
Mais là, Napoléon, dirigeant son effort,
De la ville, bientôt, va décider le sort.
Un jour, à l'improviste, une lutte s'engage :
Le feu, faible d'abord, promptement se propage.
Napoléon, des siens contemplant les progrès,
Va, de cet incident, faire un complet succès.
Il vole vers Doppet, lui peint son entreprise :
Dès l'abord à marcher celui-ci l'autorise.
Tout nous sourit; déjà le triomphe est certain,
Mais, hélas ! le clairon a retenti soudain.
Il sonne la retraite et, d'abord hésitante,
L'armée, en frémissant, va rejoindre sa tente.
Le succès leur échappe, à ces braves soldats,
Dont les cœurs indignés se demandent, tout bas,
S'il ne serait pas temps de placer à leur tête
De moins indignes chefs. Enfin justice est faite,
Et le vieux Dugommier, bien connu du soldat,
Arrive et va bientôt le mener au combat ;
Car, de Napoléon comprenant le mérite,
Il voulut lui laisser l'honneur et la conduite

Des travaux qui, bientôt, nous livrèrent Toulon.
Ainsi la France apprit a prononcer son nom,
Ce nom que va bientôt environner la gloire
Et qui s'ouvrait ainsi, le livre de l'histoire !

Pourtant, qui le croirait ? cet éclatant succès
Ne marqua pas pour lui la fin des jours mauvais.

On a dit quelquefois qu'un pouvoir monarchique,
Souvent insouciant de la chose publique,
Est l'écueil du talent qui, dans l'obscurité,
D'être utile au pays n'a pas la liberté.
Cette accusation, trop juste en son essence,
A tous gouvernements est applicable en France,
Et les républicains furent tous les premiers,
Du pouvoir absolu reprenant les sentiers,
A donner le spectacle et de leurs jalousies
Et de leurs lâchetés si justement flétries.
Napoléon bientôt en ressentit l'effet.

Un comité fameux alors nous gouvernait.
Au vainqueur de Toulon il donne un nouveau grade
Et le jeune héros, général de brigade,
Parcourt le littoral, en presse l'armement,
Pour le mettre à l'abri de l'Anglais menaçant.
Dans l'armée il commande à notre artillerie,
Et, les regards déjà fixés sur l'Italie,
Il forme le projet d'en chasser l'enhemi
Dont l'orgueil est resté trop longtemps impuni.

Tout lui sourit d'abord : à ses avis docile,
Le général en chef, suivant le plan habile,
Que, de lui, sans rougir, il pouvait accepter,
Heureux des beaux succés qu'il lui fait remporter,
Avec une justice, hélas ! trop peu commune,
Proclame hautement qu'il doit cette fortune
Au brillant officier qui nous rendit Toulon.
Chaque jour, on le voit, grandit Napoléon,
Et, par lui, nos soldats, dont la valeur bouillante,
Grâce à leurs chefs, était demeurée impuissante,
Surent, en quelques jours, franchir les Appenins,
Des champs Italiens se frayer les chemins,
Du Génois inconstant forcer la bienveillance,
Et tromper de l'Anglais la secrète espérance.

Ce prélude éclatant de tant d'exploits fameux,
D'un malveillant obscur vint offusquer les yeux.
Au pouvoir appelé par l'aveugle déesse
Dont le plus grand plaisir est de changer sans cesse,
Aubry, du général jalousant les succès,
Nous l'enlève, et, dès lors, s'arrêtent nos progrès :
Il voulut enfouir sa grande destinée
Dans les champs Vendéens; mais son âme indignée
Comprit trop cet outrage, et, fort de l'avenir,
Ce grade qu'il a su noblement conquérir,
Il sut le résigner. Même dans la retraite,
Toujours de l'Italie il rêve la conquête,
Et ces loisirs forcés, dont il subit l'affront,
Pour lui devront produire un résultat fécond.

Comme je vous l'ai dit, la fortune changeante,
Plus que jamais, alors, se montrait inconstante.
L'inconnu d'aujourd'hui, puissant le lendemain,
D'un autre entrevoyait le triomphe prochain.
L'amour des nouveautés touchait à la folie,
Et, pendant ce temps-là, notre triste patrie
Souffrait mille tourments sur elle déchaînés.
De plus, ses ennemis, à sa perte acharnés,
Redoublaient leurs efforts, et leur ligue odieuse,
Du simple droit des gens tout-à-fait oublieuse,
Suscitait dans son sein les plus affreux complots.
Comment a-t-elle pu surmonter tant de maux ?
Dieu le sait, mais enfin sa sage providence
Chargea Napoléon de délivrer la France.
Aubry, tombé, permit qu'il soumît ses travaux
Au jugemen. plus sain d'hommes impartiaux,
Et bientôt il a vu surgir des circonstances
Qui viennent augmenter ses chères espérances.

On était au moment ou la Convention
Proclamait, à la fin, sa constitution.
Paris, qui sut longtemps sauver la République,
Paris, dont le pouvoir un peu trop despotique,
Oublia quelquefois que les représentants
Quels qu'ils fussent, avaient les Français pour mandants,
Paris n'approuvait pas une nouvelle forme,
Qui devait amoindrir cette puissance énorme
Dont la Convention, au temps de la Terreur,
Lui laissa trop souvent le sceptre plein d'horreur.
L'émeute de nouveau vint gronder sur la ville :

Alors Napoléon, par un effort habile,
La vainquait, et l'on vit, dans ces temps malheureux,
Un service pareil, à son cœur douloureux,
Lui faire plus d'honneur, lui valoir plus d'hommages,
Que s'il eût remporté des plus grands avantages
Sur les Autrichiens; tant chacun était las
De tous ces émeutiers, fratricides soldats,
Qui, prodigues de sang, affamés de vengeance,
Trop longtemps impunis, désolèrent la France !

Napoléon venait de sauver, en ce jour,
Un pouvoir qu'il devait renverser à son tour !

Pour se consolider, le jeune Directoire
Jugea qu'il ferait bien de s'entourer de gloire,
Et de Napoléon il adopta les plans.
Mais vous verrez bientôt quels succès éclatants
Lui firent, à son tour, sentir la jalousie.
O Directeurs ! pour vous, qu'était donc la patrie,
Alors que, dans vos cœurs, un sentiment fatal
Étouffait la justice et régnait sans rival ?

Enfin, Napoléon va guider une armée.
De la plus noble ardeur son âme est animée.
Tant de projets féconds, gisant dans son cerveau,
Vont donc pouvoir éclore et sortir du tombeau.
De ce jour le héros appartient à l'histoire.
Il part, il vole aux lieux où l'appelle la gloire.
Il trouve des soldats mal vêtus, mal nourris,
Mais à tous les dangers dès longtemps aguerris.

Tristement relégués sur de neigeuses cimes,
Après avoir formé des plaintes légitimes
Que le malheur des temps empêcha d'exaucer,
Par des perturbateurs se laissant abuser,
Ils avaient secoué le joug indispensable
Qui rend à l'ennemi leur valeur redoutable,
Et du devoir, hélas ! n'écoutant plus la voix,
A leurs chefs ils avaient désobéi parfois.
Les réformer était une tâche épineuse,
Mais, si Napoléon vit son étoile heureuse,
Briller aussi longtemps au milieu des combats,
C'est qu'il était l'ami, le père des soldats.
D'autres les commandaient : lui seul sut, en leur âme,
Allumer ce foyer, cette divine flamme
Qui leur donnait toujours l'élan impétueux,
Grâce auquel, bien des fois, il fut victorieux !
C'est qu'il avait compris qu'un soldat de la France,
S'il sait vaincre, lutter et mourir en silence,
Possède d'ordinaire un fort bon jugement,
Et qu'à la voix du chef, ce noble stimulant,
Soudain il sent enco. redoubler son courage !
Alors les rassemblant, il leur tient ce langage :
« Soldats, à demi-nus, sans souliers et sans pain,
« Vous avez supporté le froid comme la faim.
« Je sais votre valeur, votre zèle énergique :
« Vous êtes les enfants de notre République.
« Vous la défendez bien ; mais est-ce donc assez
« Que d'être son rempart sur ces sommets glacés ?
« L'État, privé de tout, peut se suffire à peine :
« Ne comptez pas sur lui, l'attente serait vaine.

« Ne désirez-vous pas, habillés décemment,
« Ne plus manquer de rien et vivre largement ?
« Ne souhaitez-vous pas, courant à la victoire,
« Recueillir les lauriers d'une éternelle gloire ?
« Le champ vous est ouvert : contemplez ces vallons,
« Ces arbres verdoyants et ces riches moissons ;
« Tous ces biens, avant peu, seront votre partage.
« Que faut-il pour cela ? Discipline et courage.
« Votre courage, il m'est, depuis longtemps, connu :
« Vous l'avez fait sentir à l'ennemi vaincu.
« Soyez disciplinés et, trop longtemps stériles,
« Vos efforts au pays deviendront plus utiles ! »

CHANT TROISIÈME

ITALIE

Napoléon avait à vaincre un ennemi
Qui, deux fois plus nombreux et non moins aguerri
Que ses vaillants soldats, semblait devoir, sans peine,
Préserver le Piémont et sa fertile plaine.
Si, dès lors, il passait pour un bon général,
Il n'avait point encor cet ascendant moral,
Qui, plus tard, des Français doublant la confiance,
Souvent du sort, pour lui, fit pencher la balance,
Persuadant aux siens, sans cesse triomphants,
Qu'il avait enchaîné les destins inconstants.
Il fallait conquérir, par un succès rapide,
Ce levier si puissant ; d'une armée intrépide,
Il lui fallait doubler le courage et l'ardeur
Pour suppléer au nombre à force de valeur.
Mais ne supposez pas qu'au sort d'une bataille,
Subordonnant ses plans, imprudemment, il aille,

Dans un de ces grands chocs faire couler un sang
Qui, lorsqu'il est versé, doit l'être utilement.
Le projet qu'il mûrit, unique dans l'histoire,
Est et sera toujours son éternelle gloire,
Et l'on doit affirmer que nul autre n'eut pu
Seulement accomplir ce qu'il avait conçu.

Mais si, fixant des yeux la carte d'Italie,
Suivant ces mouvements qu'inspira le génie,
Chacun sent déborder son admiration,
Moi, que le souvenir remplit d'émotion,
Croyez-le, je ressens un embarras extrême
Qui surgit tout-a-coup dans le récit lui-même.
Comment narrer des faits si nombreux, si pressés,
Quand les jours égalaient les mois des temps passés ?
C'est la confusion qui me paraît à craindre.
Aussi vais-je, à grands traits, essayer de dépeindre
L'immortelle campagne et ses beaux résultats,
Dus au talents du chef, aux efforts des soldats !

Les Alpes devant eux présentant leur barrière,
Semblent devoir encor arrêter la carrière
Des braves si longtemps perdus sur leur sommet.
Mais déjà le héros a conçu le projet
De tourner cet obstacle, et c'est le mont Saint-Jacque
Qui, de nos bataillons, voit la première attaque.
On franchit l'Appenin : il faut, en second lieu,
Trompant l'Autrichien que commande Beaulieu,
L'éloigner de Colli dont la force réduite,
Sous nos coups redoublés, sera bientôt détruite.

Montenotte nous vaut ce brillant résultat,
Et son nom glorieux s'inscrit avec éclat
Sur le premier feuillet de cette grande histoire.
Napoléon, qui sait user de sa victoire,
Pousse l'Autrichien qu'il jette sur Novi.
Il l'y tient en échec, puis court à Mondovi
Battre les Piémontais; Céva, leur place d'armes,
Tombe alors en nos mains; grandes sont les alarmes,
A Turin qui, pour nous, devient d'un libre accès,
Et le roi de Piémont, troublé par nos succès,
Privé de tout secours, demande un armistice
Qu'il obtient, moyennant l'important sacrifice
Des points fortifiés utiles au vainqueur.
Beaulieu, seul, désormais, est frappé de stupeur.
Cependant son armée est encore imposante;
A celle des Français elle est équivalente
En nombre, mais, hélas ! le découragement
Vient y jeter déjà son fatal ascendant.

Laissant Alexandrie et marchant en arrière,
Beaulieu voudrait du Pô défendre la barrière.
Pendant que, sur un point, il en garde le cours,
Ce général, par nous, trompé comme toujours,
Apprend que nos soldats ont franchi, vers Plaisance,
Ce fleuve sur lequel il basait sa défense.
Il court un peu trop tard vers les lieux menacés:
Les siens de Fombio sont déjà repoussés.
Il veut couvrir Lodi, mais notre armée avance,
Et, vers Casal, bientôt, le combat recommence.
L'Autrichien y lutte avec acharnement;

C'est en vain : il ne peut arrêter notre élan,
Et les Français, toujours ardents à la poursuite,
Culbutant l'ennemi, pénètrent à sa suite,
Dans les murs de Lodi qu'il doit encor quitter.
Beaulieu, désespéré, pense nous arrêter,
Grâce au cours de l'Adda : sur la rive opposée,
Ralliant des fuyards la foule dispersée,
Il s'apprête à défendre, à l'aide du canon,
Dont il peut disposer, le passage du pont
Qui vient de lui servir dans sa course rapide.
L'obstacle est sérieux; mais celui qui nous guide
N'hésite pas, pourtant, à tenter cet effort,
Car des siens il connaît combien l'élan est fort.
Au canon il répond par son artillerie.
Alors, un peu plus haut, notre cavalerie,
Traversant la rivière, en flanc prend l'ennemi.
En ce moment le pont, en courant, est franchi
Par nos soldats que rien dorénavant n'arrête.
L'infortuné Beaulieu bat encore en retraite;
Ses canons, des drapeaux tombent entre nos mains,
Et Lodi, des Lombards, a fixé les destins;
Ce beau jour nous rendit maître de la contrée
Qui, des Autrichiens, à la fin délivrée,
Se soumit, avec joie, à son libérateur.

Mais ce n'est point en vain qu'un pouvoir oppresseur,
Sous un sceptre de fer courbant la Lombardie,
A tenté, si longtemps, d'y supprimer la vie.
Ainsi qu'un jardinier ployant un arbrisseau,
Pour le rendre, dit-il, plus correct et plus beau.

(Comme si l'art pouvait égaler la nature),
Lui fait, dans ce dessein, subir mainte torture.
Les branches aux liens résistant, tout d'abord,
Ont tenté, pour les rompre, un inutile effort.
Il faut se résigner à l'atroce souffrance
Que leur impose, hélas ! la loi de l'élégance.
Mais si, longtemps après, le lien disparaît,
L'arbuste, en oubliant que jadis il était
Libre de diriger sa sève exhubérante,
D'un esclave a gardé la posture rampante.
Tels étaient les Lombards, quoiqu'il faille ajouter
Que si plusieurs d'entre eux paraissaient regretter
Le poids des fers si lourds dont ils gardaient l'empreinte,
C'est qu'ils étaient encor dominés par la crainte
D'un retour offensif de leurs dominateurs.
Mais, de l'Autrichien partageant les faveurs
Que payaient les sueurs et le sang de leurs frères,
Des nobles oublieux des gloires de leurs pères,
Des prêtres éhontés trafiquant des autels,
Outrageant le Seigneur par leurs actes cruels,
Cherchaient à soulever contre notre puissance
Les paysans sur qui régnait leur influence.
Ces hommes ignorants, à la glèbe voués,
A leurs maîtres hautains parmissoient dévoués,
Comme le chien léchant la main qui le rudoie,
Mais lui donne, à propos, quelque piteuse proie.
Un complot, contre nous, en éclatant soudain,
De ces machinateurs nous révéla la main :
Le tocsin est sonné ; la ville de Pavie,
Par dix mille des leurs tout-à-coup envahie,

Tel fut de leurs efforts le premier résultat
Que, sans perdre un instant, le vainqueur réprima.

Et, pourtant, qui croirait que cette sourde haine
Que les prêtres savaient entretenir sans peine
Contre nous, dans le but d'arrêter notre élan,
N'était pas du héros le souci le plus grand ?
Heureux de posséder la suprême puissance,
De pouvoir, au début, baser leur influence
Sur de brillants succès qui doivent les grandir,
Les Directeurs, d'abord, avaient, avec plaisir,
Contemplé nos progrès à travers l'Italie ;
Mais, bientôt, dans leurs cœurs, la sombre jalousie
Vient de lancer son dard ; ils croient, non sans raison,
Qu'ils vont s'annihiler devant Napoléon.
Sans donc se demander si ce noble génie
Doit honorer, servir, illustrer la patrie,
Dans leur triste égoïsme ils veulent seulement
Abriter leur pouvoir contre tout prétendant,
Et, dans ce but, ravir le héros à l'armée,
Instrument par lequel s'étend sa renommée.
Heureusement, pour nous, que ces chefs de l'État,
Qui, d'un si grand scandale, ont redouté l'éclat,
Laissent Napoléon poursuivre sa carrière.
Celui-ci, sans retard, continuant la guerre
Dont l'importance extrême augmente et s'agrandit,
Aux bords du Mincio retrouve l'ennemi.
Ce fleuve est un rempart qui soutient et protège
La ville dont bientôt va commencer le siège,
Car Mantoue, on le sait, objet de notre effort,

Des champs italiens doit décider le sort.
Sans cette place forte, à peu près imprenable,
On n'a, sur le pays, qu'un pouvoir peu durable,
Et vous allez juger des efforts surhumains
Qui la firent, plus tard, tomber entre nos mains.
Beaulieu qui, renforcé, retrouve son courage,
Voudrait du Mincio disputer le passage.
Mais comment résister aux braves de Lodi ?
C'est, près de Borgetto, que le fleuve est franchi
Et que Beaulieu, fuyant, voit encor son armée
Par les coups des Français vaincue et décimée.
Mantoue, en ce moment, seule, arrête nos pas ;
Mais, avant de tomber, ah ! combien de combats,
Et quels exploits fameux, uniques dans l'histoire,
Du chef et des soldats devaient grandir la gloire !

Je comprends qu'on admire Austerlitz, Iéna,
Et tous ces vastes chocs dont le puissant éclat
A ceint Napoléon d'une auréole immense ;
Mais rien n'a, depuis lors, égalé la science,
Le génie étonnant dont il dut se servir
Pour vaincre où nul que lui n'aurait pu que mourir !

Contemplez ce tableau : l'Autriche stupéfaite,
Qui croit voir en Beaulieu l'auteur de sa défaite,
Dirige contre nous des soldats plus nombreux.
Rejoignant de Beaulieu les débris malheureux,
Leur total s'élevait à soixante-dix mille.
Wurmser, vieux général, qui passe pour habile,
Les commande : à cela nous pouvons opposer

Trente mille héros qui savent tout oser,
Deux mille dispersés gardent les places fortes :
Huit mille, de Mantoue observent les cinq portes.
Le pays, travaillé par le prêtre et l'Anglais,
Pour nous massacrer tous, n'attend qu'un insuccès.
Puis, le Pape, oublieux de son saint ministère,
De l'Autriche se fait le triste auxiliaire,
Et le roi de Piémont, bien qu'en paix avec nous,
Des Barbets sourdement excite le courroux.
C'était sur un volcan qu'il nous fallait combattre.
Par des périls si grands, sans se laisser abattre,
Napoléon, déjà, prépare nos succès.

De Wurmser il fallait connaître les projets,
Afin d'y découvrir le joint de sa cuirasse.
Calmes, nous l'attendons et le héros nous place
Sur le cours de l'Adige ; en outre, vers Salo,
S'étendant jusqu'au bourg de Porto-Legnano,
Du Tyrol, notre gauche observe les passages.
Wurmser, se conformant aux antiques usages,
Qui prétendaient régler le grand art des combats,
En trois corps isolés partage ses soldats.
Sa gauche, qu'il avait mise trop en arrière,
Ne lui servit à rien dans ces cinq jours de guerre.
Sa droite, tout d'abord, nous repousse à Salo
Et reprend Brescia ; mais, près de Lonato,
Après un vif combat, vaincue et repoussée,
Par les nôtres elle est, en tous sens, dispersée ;
Poursuivie, on lui fait de nombreux prisonniers :
On lui prend à la fois des régiments entiers.

Pendant ce temps, Wurmser qui, sur Mantoue, avance,
Surpris, a, des Français, dû constater l'absence.
C'est que Napoléon avait soudain compris
Que, pour venir à bout de tous ses ennemis,
De Mantoue il devait interrompre le siège.
Au milieu de la nuit dont l'ombre le protège,
Et sans bruit, Serrurier abandonne son camp.
Wurmser, que ce départ embarrasse et surprend,
Remontant vers le nord, rencontre notre armée
Qui, sur Castiglione, en hâte s'est formée.
Ainsi, vous le voyez, Wurmser était réduit,
A se servir du corps que lui-même il conduit.
Le combat, tout d'abord, s'engage avec furie.
Wurmser qui veut des siens réveiller l'énergie,
Cherche à nous enfoncer, mais son espoir est vain ;
Il lutte, cependant, lorsqu'un canon lointain,
Qui gronde tout-à-coup sur son flanc droit, l'étonne :
C'est le corps assiégeant qui se rapproche et donne,
De son entrée en lutte, un signal convenu.
L'Autrichien s'arrête à ce bruit trop connu.
Bientôt il lâche pied et la fuite commence.
Wurmser du Mincio tente en vain la défense;
En vain il veut tenir près de Monte-Baldo.
Contraint de reculer jusqu'à Roveredo,
Il va, dans le Tyrol, rallier son armée,
Que d'importants secours ont vite reformée.

Son nombre est, de nouveau, deux fois supérieur
A celui des soldats de son jeune vainqueur;
Mais il n'a pas compris la leçon précieuse,

Que, de Napoléon, la stratégie heureuse,
Offrait à ses regards, et, loin de rassembler
Ses soldats, dont la masse eut pu nous accabler,
Partageant en deux parts son armée imposante,
Il va recommencer une faute évidente.
Pendant que sur Mantoue il marche de nouveau,
Son plan que notre chef a pénétré bientôt,
Présage à nos efforts réussite certaine.
Vérone et Legnano, défendus par Kilmaine,
Protègent le blocus et doivent tout d'abord,
En occupant Wurmser, ralentir son effort.
Vingt-cinq mille des siens du Trentin ont la garde.
Les nôtres, tout-à-coup, au nord du lac de Garde,
Surprennent l'ennemi près de Roveredo :
Il fuit, il veut en vain tenir Caliano,
De qui le défilé qu'on juge inexpugnable,
Pour l'élan des Français semble peu redoutable.
Ceux qui le défendaient sont culbutés par eux,
Et n'ont point ralenti leurs pas victorieux
Qui, sans même arrêter, les conduisent à Trente.
Ainsi, dans quatre jours de marche triomphante,
Nous avons, du Tyrol occupant les accès,
Au malheureux Wurmser interdit désormais,
Les chemins qui pouvaient servir à sa retraite,
S'il doit encor par nous subir une défaite.

Il est seul de nouveau ; Napoléon apprend
Qu'il menace Vérone, et, sans perdre un instant,
Des sommets du Tyrol, s'élançant dans la plaine.
Il vole secourir le général Kilmaine.

Une marche forcée a permis que, biénlôt,
Nous retrouvions Wurmser auprès de Bassano,
Qui nous vit remporter une belle victoire.

La campagne est finie : on paraissait le croire,
Wurmser ne devant plus compter sur des secours :
De l'Adige il ne peut, sans ponts, franchir le cours,
Car le matériel qu'il possédait naguère
Et qui, dans ce moment, lui serait nécessaire,
Fut pris à Bassano. Que va-t-il devenir ?
Se livrer en nos mains ou lutter et mourir !
Eh bien ! tous les succès d'une armée intrépide,
Par le manque de cœur d'un officier timide,
Semblèrent compromis. Le faible commandant
Qui gardait Legnano, fournit subitement
Au désolé Wurmser un utile passage.
Profitant, sans retard, d'un si bel avantage,
Dans Mantoue il a pu pénétrer sans effort :
De nouveau, des combats, il veut tenter le sort.
Son armée à la nôtre était encore égale ;
Mais la nôtre n'a point rencontré sa rivale,
Et la vieille Mantoue a vu notre ennemi
Fuir précipitamment et chercher un abri
Derrière l'épaisseur de sa forte muraille,
Et Saint-Georges donna son nom à la bataille.

Nous n'avions plus alors d'ennemis devant nous :
Le repos au soldat dut paraître bien doux,
Après de tels travaux où sa persévérance,
Grâce à Napoléon, reçut sa récompense.

Pour lui, dont le travail est l'unique repos,
Dirigeant son esprit vers des sujets nouvéaux,
Il s'occupe à régler le sort de l'Italie.
Rôme et Naples formaient une ligue ennemie.
Il fallait les tenir à l'aide d'un traité,
Et feindre d'ignorer leur sourde hostilité ;
De la neutralité que Venise proclame,
Bien que l'Autrichien de sa haine l'enflamme,
Il fallait accepter la déclaration,
En attendant le jour où vint l'occasion
De punir ces États de leur triste conduite.
Reprenant son projet, auquel il donne suite,
Malgré le Directoire, il ressaisit bientôt
Cette Corse, qui fut son trop ingrat berceau.
Ce succés sur l'Anglais accroît son influence,
Et du Napolitain calme l'effervescence.
Que dirai-je de plus? Il tient tête à la fois
Au triste Directoire, au Pape, au Doge, aux rois
De Naples, du Piémont, et son puissant génie
Sait, par son ascendant, dompter jusqu'à l'envie.
L'ennemi qui, de tous, est le plûs dangereux.

Humilié par tant de combats malheureux,
L'Empereur désireux de venger sa défaite,
Par de nouveaux efforts à effacer s'apprête.
Nos revers sur le Rhin lui donnent des soldats.
Leur chef est Alvinzi; précipitant ses pas,
Il franchit la Piave et marche sur Vicence.
Mais alors, Masséna, courant à son avance,
Lui livre une bataille aux bords de la Brenta,

Et là, comme toujours, s'illustre Masséna.
L'ennemi, repoussé dans cette chaude affaire,
Est par nous rejeté derrière la rivière,
Et Quasdanowitch doit plier sur Bassano.
Par malheur, moins heureux sur le Lavisio,
Vaubois se voit forcé de s'éloigner de Trente,
De céder aux efforts d'une armée importante,
Qui, sortant du Tyrol, veut rejoindre Alvinzi.
Vaubois, près de l'Adige, occupe Rivoli ;
Cet échec nous a fait perdre notre avantage :
Les soldats d'Alvinzi, qui reprennent courage,
S'avancent vers Vérone et, trois fois plus nombreux,
Semblent d'abord devoir chasser tout devant eux.
Le moment est critique, et l'armée, hésitante,
Contemple son héros et frémit dans l'attente.
Ils ignoraient encor, ces valeureux soldats,
Quel génie étonnant sait diriger leurs pas.
Ce génie, il grandit si le danger s'avance :
Si le danger est grand, lui, devenant immense,
De toute sa hauteur il sait le dominer.
Puis (car dans ce récit il convient de donner
A chacun son éloge), en ces instants suprêmes,
Sortant des hôpitaux, les malades eux-mêmes,
Bien que souffrants encor, revinrent dans les rangs.
Vit-on jamais, ailleurs, de pareils dévouements ?

Cependant Alvinzi, qui convoite Vérone,
Sur presque tous les points déjà nous environne,
Et de Caldiero semble nous menacer.
De ces fortes hauteurs il faut le repousser !

Nous luttons tout un jour, mais la masse ennemie,
Pour la première fois, brise notre énergie.
Elle ne peut pourtant dire qu'elle a vaincu :
Nous ne reculons point, mais nous n'avons pas pu
La chasser des hauteurs : cet échec véritable,
Dans un moment pareil, pour nous si redoutable,
Sème dans tous les cœurs le découragement.
De Vérone, à la nuit, silencieusement,
Bien tristes, nous sortons, nous repassons l'Adige.
Quoi ! nos armes ont donc perdu tout leur prestige !
Devons-nous reculer et quitter ce pays
Par nos vaillants efforts si promptement conquis?
Oh ! non, rassurez-vous : en colonne formée,
Et changeant brusquement sa marche, notre armée,
Soudain a repassé la rivière à Ronco.
Nous avons deviné : tourner Caldiero,
Prendre en flanc l'adversaire, et, dans un marécage,
Du nombre lui ravir l'accablant avantage,
Tel est le plan qu'avait conçu Napoléon,
Et qui devait, d'Arcole, éterniser le nom!
Nos cœurs, alors, sont tous pleins d'une joie immense.
Sur Arcole aussitôt Napoléon s'avance.
Il s'y trouvait un pont qu'il fallait emporter :
Nous marchions, mais trois fois nous voyons hésiter
Ces soldats aguerris qu'écrase la mitraille.
Là résidait pourtant le sort de la bataille.
Alors, tenant en mains un drapeau qu'il brandit :
« Soldats, n'êtes-vous plus les braves de Lodi ?
« Suivez-moi ! » s'écriait notre chef intrépide.
Il se met à leur tête et sur le pont les guide.

La mort autour de lui frappe à coups redoublés,
Les corps de nos soldats y sont accumulés,
Et le plomb meurtrier qui sillonne l'espace,
A l'espoir du salut ne laisse pas de place.
Lui seul, calme et tranquille au sein de l'ouragan,
Des siens, par son exemple, a ranimé l'élan.
C'est en vain, et la mort, toujours infatigable,
Ébranle leur valeur jadis inébranlable !
Ils entraînent leur chef. Dans ce désordre affreux,
Il est précipité dans un marais fangeux.
Eh quoi! va-t-il périr d'une mort si cruelle ?
Ses soldats ont appris cette triste nouvelle :
Le péril de leur chef embrasant leurs esprits,
Ils franchissent le pont, courent aux ennemis
Et délivrent celui que leur âme vénère,
Celui qui fut, pour eux, un véritable père!
Ce succès, couronné par trois jours de combats,
Dans Vérone, bientôt, a ramené nos pas,
Et d'Arcole le pont, tout rayonnant de gloire,
De celui de Lodi fit pâlir la mémoire.
Sans perdre un seul instant, poursuivant Alvinzi,
Napoléon au loin rejette l'ennemi.
Ainsi, grâce à son plan, aussi profond qu'habile,
Treize mille en avaient battu quarante mille!
Quels succès merveilleux obtenus en six mois!

L'Autriche, cependant, pour la cinquième fois,
Envoyant des renforts, reprenait l'offensive.
Cette campagne doit devenir décisive
Et des Alpes, sous peu, nous ouvrir les chemins.

Napoléon encor devine les desseins
De l'ennemi qui croit vaincre sa résistance.
Alvinzi, du Tyrol, sur Rivoli s'avance.
L'intrépide Joubert occupe le plateau
Dont le nom ignoré resplendira bientôt.
Napoléon apprend cette marche à Vérone.
C'est là ce qu'il voulait : à Joubert il ordonne
De tenir le plateau qu'attaquait Alvinzi.
Celui-ci, dédaignant un si faible ennemi,
A l'écraser, sans peine, au point du jour s'apprête,
Pendant que s'approchait l'heure de sa défaite :
Car derrière Joubert et sa division
Il va trouver l'armée avec Napoléon!
Pendant toute la nuit, rapide, elle chemine
Et l'aube blanchissait à peine la colline
Qu'elle rejoint Joubert. L'ennemi, cependant,
Était à deux contre un. Qu'importe, en ce moment!
Nous avons le plateau, d'où notre artillerie
L'écrase de ses feux : notre cavalerie,
Disposée avec art, le poursuivra tantôt :
Les rôles sont changés depuis Caldiero!
Alvinzi, vers le soir, est en pleine déroute;
Il fuit en toute hâte, et cet échec lui coûte
Sept mille hommes jetés par nous dans les ravins,
Et qui durent bientôt tomber entre nos mains.
Mais ce ne fut pas tout : le chasseur téméraire,
Qui vend la peau de l'ours avant qu'il soit à terre,
Me fait ressouvenir qu'au matin Alvinzi
Qui, la veille, croyait Joubert à sa merci,
Du corps de Lusignan dirige la colonne

Pour qu'au milieu du jour en arrière elle donne.
Se trouvant assez loin des lieux où l'on se bat;
Elle ignorait encor le triste résultat
De la lutte. Elle avance et, soudain, notre armée
Qui l'aperçoit alors, crie, enthousiamée :
« Ils sont encore à nous!» et bientôt, en effet,
Toute cette colonne entre nos mains tombait.

Cependant Provera qui, parti de Padoue,
Espérait débloquer l'imprenable Mantoue,
N'avait rien devant lui qui pût lui résister.
En hâte il s'approchait, désirant profiter
De cette occasion. Son plan était habile :
Les Français assiégeants, qui n'étaient que sept mille,
Par le nombre vaincus, n'auraient pu repousser
Ces vingt mille assaillants secondés par Wurmser.
Mais comment du héros tromper la vigilance ?
Provera, qui se voit vingt-quatre heures d'avance,
A traversé l'Adige auprès d'Anghuiari.
Le combat finissait, à peine, à Rivoli.
Divisant en deux corps son armée intrépide,
Notre chef en prend un : une marche rapide
Le conduit à Mantoue au moment où déjà
Le brave Miollis lutte avec Provera.
Son courage a pour nous préparé la victoire :
La Favorite vient s'inscrire dans l'histoire.
Et Wurmser, affamé, songe à capituler.
En vain à son vainqueur il tente de céler
Le déplorable état dans lequel il se trouve :
Ce dernier, bien instruit, en ce moment, lui prouve

Qu'il sait mal le juger, et que, dans son grand cœur,
La générosité lutte avec la valeur.
L'infortuné Wurmser doit nous livrer Mantoue.
Le sort de l'Italie en ce jour se dénoue ;
Et l'on voit le héros se tenir écarté
D'un triomphe qu'il a tant de fois mérité,
Pour que le vieux Wurmser, que la fortune accable,
Au jeune général pour lui si redoutable,
Ne soit pas obligé (quel soin noble et touchant !)
De remettre la ville et son glaive impuissant !

Le moment est venu de châtier l'audace
De Rome qui, lançant sa vile populace,
Soulevant contre nous les superstitions,
Appelle à son secours les lâches trahisons.
Il serait trop navrant ici de vous redire
Jusqu'où, sous ce rapport, s'égara son délire,
Car, plus notre héros se montra généreux,
Plus du pouvoir papal les actes sont honteux.
Une ruse est permise alors qu'on est en guerre ;
Mais flatter par devant et trahir par derrière,
Ramper aux pieds d'un homme, et, d'un vil assassin,
Armer contre ses jours la parricide main,
Est-ce l'acte d'un prêtre ou celui d'un sauvage,
Qui, de sang enivré, n'aspire qu'au carnage ?
Ces hommes, cependant, que rien ne fait rougir,
Veulent qu'on les respecte et prétendent tenir,
Du maître souverain des cieux et de la terre,
Le droit d'être à ses pieds notre intermédiaire.
A qui ferez-vous croire, ô prêtres imprudents !

Que le Seigneur vous prît pour ses seuls confidents,
Qu'à vous seuls il transmit sa sagesse infinie ?
Mais un dogme pareil, c'est de l'idolâtrie,
Qui répugne à mon cœur en blessant ma raison
(Et ce n'est point en vain que Dieu me fit ce don).
Traversez donc les mers ; sur l'indien rivage,
Voyez le Brahme altier réclamer, sans partage,
Le droit d'offrir aux dieux l'hommage des mortels.
N'êtes-vous point honteux d'établir vos autels
Sur de tels fondements dont la décrépitude,
Pour leur stabilité, sujet d'inquiétude,
Doit vous faire trembler aux moindres mouvements ?
Que dis-je ? vous savez que le simple bon sens
Est, hélas ! ici-bas, la chose la plus rare,
Et, du chef de l'Église, en souillant la tiare,
Vous en faites souvent l'instrument des partis.
Qui, du noble et du bon, acharnés ennemis,
Du Christ ont déserté la divine morale.
O Dieu ! permettez-vous que, d'un si grand scandale,
Nos regards attristés voient prolonger le cours ?
Ne verront-ils jamais revenir les beaux jours
Où, des vertus, donnant le si louable exemple,
Les prêtres, aux chrétiens réunis dans le temple,
Enseignaient, avant tout, à chérir le prochain,
Bien loin de leur placer le glaive dans la main ?
Du divin Rédempteur la morale sublime,
Heureusement pour nous, efface jusqu'au crime.
Et nos cœurs qu'ont peiné des actes affligeants
Sont joyeux de trouver de dignes desservants,
Auprès de ces autels qui, pour toute parure,

Ont les fleurs dont le ciel embellit la nature.
Non, ce n'est point en vain que le Christ a voulu,
Dans l'humble pauvreté, faire aimer la vertu,
Et, puisque son vicaire, oubliant son histoire,
D'un luxe sans pudeur, semble se faire gloire,
Oui, je demande au ciel qu'il veuille lui ravir
Ces faux biens qui, souvent, ont su le pervertir.
Alors, débarrassé des soucis de la terre,
Tout entier aux devoirs de son saint ministère,
Sa juste autorité, méritant notre amour,
Sur le monde chrétien grandira chaque jour !

Cependant l'Empereur, poussé par l'Angleterre,
Veut affronter encor les hasards de la guerre.
Mais cent mille soldats, prisonniers ou morts,
Otent de la vigueur à ses derniers efforts.
Pourtant le Directoire et sa triste incurie
(Je pourrais ajouter aussi sa jalousie)
L'aident dans ses projets contre notre héros.
Sur le Rhin nos soldats rougissent du repos
Que le Gouvernement à leur bravoure impose.
De cette inaction quelle que soit la cause,
L'Empereur en profite, et de nombreux soldats,
Partis du Rhin, vers nous ont dirigé leurs pas.
Notre chef, Dieu merci ! ne veut point les attendre,
Et, sans perdre un instant, aux nôtres il fait prendre,
Des Alpes, du Tyrol, les chemins montueux.
Nous étions au milieu d'un hiver rigoureux :
Rien ne nous arrêta, ni les Alpes Noriques,
Dont la neige couvrait les sommets basaltiques,

Ni l'illustre Archiduc dont les rares talents
Se virent mal secondés par ses soldats tremblants.
Ils connaissaient trop bien leur terrible adversaire,
Et, démoralisés dans cette rude guerre,
Où le succès toujours se plut à les trahir,
Ils ne paraissaient plus compter sur l'avenir.
Le Tagliamento subit notre passage,
Malgré l'Autrichien qu'en vain Charles encourage.
De sa personne, en vain, à Tarvis, il paya :
Il n'y put arrêter Brune ni Masséna.
Nous approchons de Vienne et, rempli d'épouvante,
L'Empereur qu'a troublé notre marche géante,
Au héros invincible offre enfin de traiter.

Je ne vous dirai point comment il sut lutter
Contre tous ces roués de la diplomatie,
Qu'il domina toujours du haut de son génie ;
Comment, au Directoire, avec art, il savait,
Imposer cette paix que son bras lui donnait.
Quelques esprits chagrins, il faut que je le dise,
Ont fortement blâmé la chute de Venise.
Ils ont donc oublié, dans leurs calculs étroits,
Qu'à l'Autriche on ne put demander, cette fois,
Un complet abandon de la Haute-Italie.
Oui, nous étions vainqueurs, mais notre pénurie,
Mais nos dissentions pouvaient, en un moment,
Nous ravir cette paix souhaitée ardemment !
Ce qu'il a fait alors, il l'a fait pour la France,
Et le sang des Français qui réclamait vengeance
De la fière Venise, hélas ! causa la mort.

O Venise, crois-le, je plains ton triste sort :
Si ton gouvernement fut alors bien coupable,
Le poids pesant des fers dont l'Autriche t'accable,
A dû, depuis trente ans, expier ton erreur.
Puisse le Ciel, un jour, t'envoyer un sauveur !
Après avoir fixé le sort de la contrée
Que ses armes avaient si vite délivrée,

Après être, à Radstadt, resté quelques instants,
Pour régler, du congrès, les objets importants,
Napoléon rentra dans notre capitale,
Où s'apprêtait, pour lui, la pompe triomphale
Que les cinq Directeurs voulurent lui donner.
De ce fait il ne faut pas trop vous étonner,
Car, c'était, de leur part, une action habile :
Ils avaient bien compris qu'il serait inutile
Et même dangereux d'affecter du dédain
Pour celui qui, des cœurs, était le souverain.
Ils comptaient étouffer sous cette politique,
Et cacher au héros l'allégresse publique.
Leur adresse ne put le tromper, et son œil,
Sous l'or et sous les fleurs, a distingué l'écueil.
Il sent battre, pour lui, le grand cœur de la France,
Et là son dévouement trouve sa récompense.
Des fêtes, des plaisirs, eh ! qu'importe au vainqueur :
Être aimé des Français voilà son seul bonheur !

CHANT QUATRIÈME

ÉGYPTE

Mais, après ces beaux jours de si douce allégresse,
Quand du triomphe, enfin, se dissipa l'ivresse,
Notre héros, qui sut dompter jusqu'à son cœur,
Autour de lui portant un regard scrutateur,
Promptement distingua, parmi son entourage,
L'honnête du méchant, l'or pur de l'alliage.
Il est déjà du peuple et l'idole et l'espoir :
C'est là le fondement de son futur pouvoir.
Mais, pour y parvenir, que d'obstacles encore !
Dérobant aux regards le feu qui les dévore,
Les Directeurs, jaloux du héros dont le bras,
Naguère, cependant, les tira d'embarras,
Voudraient bien amoindrir cette gloire naissante;
Leur médiocrité la rend trop éclatante !
Pour lui, qui sait si bien lire au fond de leurs cœurs,
Couvrant d'un froid dédain leurs éloges menteurs,

Ils pressent le moment d'une suprême crise,
Où la nécessité guidant son entreprise,
Pour donner au pays gloire et prospérité,
Le fera recourir à l'illégalité.
Tenter un coup d'État n'a rien qui l'intimide,
Mais l'intérêt de tous doit être son seul guide :
Il connaît sa valeur et son vaste cerveau,
Contient les éléments d'un régime nouveau
Qui doit régénérer et la France et le monde.
Quoi ! pour faire jaillir cette source féconde,
Faut-il donc aux hasards se livrer follement
Et perdre l'avenir par trop d'empressement ?
Oh ! non : de son ardeur il sait se rendre maître ;
Le pays, il est vrai, commence à le connaître ;
Mais ses récents exploits qui l'ont si haut placé,
Doivent encor grandir et n'ont point effacé
Tous ces noms glorieux, ces grands noms que l'Histoire
A gravé sur l'airain au temple de Mémoire !
Un dernier échelon reste donc à franchir,
Et ce suprême effort, gage de l'avenir,
En donnant au héros la suprême puissance,
Doit faire que son nom soit l'espoir de la France ;
Que ce nom radieux, ainsi que le soleil,
Brille pour tous les yeux d'un éclat sans pareil !

Implacable ennemi, l'orgueilleuse Angleterre,
Seule allait supporter tout le poids de la guerre.
Mais, grâce à ses vaisseaux, souvent victorieux,
Elle avait satisfait ses vœux ambitieux.
Et, pendant que l'Europe, haletante, épuisée,

Prolongeait, sans raisons, une lutte insensée,
Mise par l'Océan à l'abri des hasards,
Elle, vers l'Orient dirigeant ses regards,
Employant à la fois et la force et l'adresse,
Allait bientôt de l'Inde être seule maîtresse.
Hélas ! les îles sœurs de France et de Bourbon,
Joyaux de notre écrin, perdaient jusqu'à leur nom.
Hollandais, Portugais, ennemis, amis, même,
Ne sont pas épargnés par cette ardeur extrême
Qui pousse l'Angleterre à toujours conquérir,
Afin que ses marchands puissent mieux s'enrichir !

De ce vaste pouvoir la base assez fragile,
Rappelle le colosse aux pieds de frêle argile.
Aussi le Directoire et chacun avec lui,
Désireux d'en finir, veulent, d'un coup hardi,
Frapper tout droit au cœur l'odieuse puissance
Qui, depuis si longtemps, ose braver la France.
Le signal est donné : tous redoublent d'efforts ;
Le mouvement, la vie envahissent nos ports.
Ils croyaient voir déjà la fin de ces misères,
Qu'amassèrent huit ans de blocus et de guerres.
On lance des vaisseaux, on coule des canons :
Bientôt, sur divers points, de nombreux bataillons
S'apprêtent à franchir le détroit tutélaire
Qui, mieux que ses soldats, protège l'Angleterre.
Le Directoire, enfin, charge votre héros
De mener les Français à des succès nouveaux.
Mais lui, bien qu'admirant l'ardeur universelle
Qui, du pays entier, embrase le saint zèle,

Il sent tous les dangers de ce vaste projet.
Qui ne peut triompher qu'à l'aide du secret.
Faut-il aventurer le pur sang de la France?
L'audace ne doit pas exclure la prudence.
Soudain un plan nouveau surgit dans son esprit :
Conçu d'hier à peine il l'a déjà mûri.
Ce plan, par sa grandeur, pour lui, plein de charmes
Doit encor rehausser la gloire de nos armes :
Il offre des dangers, mais ne promet-il pas,
Si nous les surmontons, de féconds résultats
Un secret absolu rend le succès possible;
Il doit à l'ennemi porter un coup sensible.

Pour entrer en rapport avec cet Orient,
Où l'Angleterre va sans cesse en augmentant,
Il existe un chemin plus prompt et plus facile
Que celui de ce Cap en tempêtes fertile,
Dont Vasco, le premier, sut dompter les horreurs
Ce chemin qui sera cher aux navigateurs,
Quand l'isthme de Suez, dans son désert sauvage,
Aux flottes d'Occident devra livrer passage
(Tel qu'il était alors, tel qu'il est de nos jours).
Abrège de moitié cet immense parcours.
C'est là le but secret de sa vaste entreprise,
Et la fertile Égypte, à nos armes soumise,
En nous donnant la clef de ces pays lointains,
De l'Angleterre y doit détruire les desseins.

Il fait aux Directeurs connaître sa pensée,
Et ceux qui, tout remplis d'une ardeur peu sensée,

Voulaient frapper au cœur le perfide ennemi,
O surprise! ont trouvé ce projet trop hardi.
Mais bientôt le héros, qu'un noble zèle enflamme,
En faveur de son plan sait embraser leur âme;
Il a su tout prévoir : il leur peint, à grands traits,
Les chances d'un second et rapide succès.

Libre, enfin, de donner l'essor à son génie,
Il prépare aussitôt l'entreprise inouïe,
Qu'à l'ennemi dérobe un silence profond.
Une armée aguerrie environne Toulon.
Ce sont ces vieux soldats, artisans de sa gloire,
Qu'il mena demi-nus aux champs de la victoire.
Grâce à notre héros, par la guerre enrichis,
Du repos, de la paix, ils comprennent le prix.
Mais tous, en apprenant que leur chef intrépide,
A de nouveaux dangers va leur servir de guide,
Sans savoir, sans chercher dans quels pays lointains,
Ils devront concourir à ses vastes desseins,
Tous, dis-je, sont remplis d'une ardeur généreuse :
Ils sentent tressaillir leur fibre belliqueuse,
Et font, le cœur joyeux, leurs apprêts de départ.

Après avoir subi maint importun retard,
Enfin la flotte entière a pu mettre à la voile :
Vaisseaux, grands et petits, tous se couvrent de toile.
Déjà la terre a fui : des pleurs silencieux,
De ces rudes soldats viennent mouiller les yeux.
La crainte du trépas n'envahit point leur âme;
Ils savent que la mort tôt ou tard les réclame.

Et son pouvoir fatal, objet de leurs mépris,
Ne peut rien sur leurs cœurs par la guerre endurcis.
Pourquoi ces pleurs, alors, rougissant leurs paupières'
Eh! ne voyez-vous pas qu'ils regrettent leurs mères,
Leurs parents, leurs amis et ce doux sol natal,
Que l'amour des Français proclame sans rival !

Nos braves, cependant, vrais enfants de la France,
Ont bien vite repris l'heureuse insouciance
Qui les suit en tous lieux ; bientôt leurs gais propos,
Leurs chants joyeux mêlés aux mille bruits des flots,
Ont animé soudain cette scène imposante ;
Et, pendant ce temps-là, fendant l'onde écumante,
Cet immense convoi favorisé des vents,
Se dirigeait vers Malte ou, depuis quelque temps,
Napoléon avait, par une intrigue habile,
Rendu, d'un coup de main, le succès plus facile.

Tristes représentants de cet ordre fameux
Qui souvent s'illustra dans des temps malheureux,
En luttant pour la foi contre la barbarie,
En combattant partout cette piraterie,
Qui, même de nos jours, le fléau des chrétiens,
Souille encore les flots Méditerranéens,
Les Templiers d'alors, race dégénérée,
A la joie, aux plaisirs, uniquement livrée,
Sans honte dévoraient les immenses trésors,
Desquels la piété, secondant leurs efforts,
Confia le dépôt à leurs mains jadis pures !
Oublieux du devoir, sans souci des injures,

Que le Mahométan inflige à ses drapeaux,
Et, plongé dans le sein d'un infâmant repos,
L'ordre déshonoré n'a plus de raison d'être,
Et, sous le premier choc, il devra disparaître.
Napoléon sait bien que ce poste important
Doit tenter de l'Anglais l'esprit envahissant :
Il faut le prévenir, et, par un trait d'audace,
Triompher sans retard de l'imprenable place.

Pour la flotte au Grand-Maître il demande de l'eau ,
Un refus lui répond : notre armée aussitôt
Débarque en divers lieux, et le siège s'apprête.
Les faibles Templiers déjà perdent la tête :
La discorde soudain pénètre dans leurs rangs.
Quelques coups de canons tirés de temps en temps
Ont paru ranimer leur antique vaillance…
Un corps des plus hardis hors des remparts s'élance.
Il est pris presque entier : c'est assez résister.
Le Grand-Maître aussitôt s'empresse de traiter.

Maîtres de Malte ainsi, nous mettons à la voile.
Rempli de confiance en son heureuse étoile,
Sans crainte de Nelson qui le cherche en tous lieux,
Notre héros, suivant son plan audacieux,
Sans encombre parvient devant Alexandrie ;
Et d'admiration l'armée alors saisie,
Brûle de conquérir ce pays merveilleux,
Qu'un radieux soleil inonde de ses feux !

Irai-je de l'Égypte essayer la peinture,

Vous dire l'Orient et sa riche nature?
Vous parler de ses mœurs, de son brillant climat
Qui, d'un ciel toujours pur, emprunte son éclat?
Oh! non, car je comprends trop mon insuffisance
Et, dois-je l'avouer, malgré leur ressemblance,
Tant de tableaux fameux que traça le talent,
Ces œuvres du génie ou brille l'Orient,
En sont, si vous voulez, une image parfaite;
Mais ce n'est qu'une image et, comme Dieu l'a faite,
L'intelligence humaine a peine à concevoir
Ce que les yeux du corps eux-mêmes n'ont pu voir.
A l'homme aveugle-né décrivez la lumière,
Pourra-t-il la comprendre, alors que sa paupière
Lui cache pour toujours les rayons du soleil?
Notre esprit imparfait à l'aveugle est pareil.
En vain les mots pompeux, les phrases les plus belles,
Vainement les pinceaux des modernes Appelles,
Lui tracent à l'envi l'image de ces lieux ;
L'art ne peut réussir à remplacer les yeux ! ·

    Napoléon, alors, fait débarquer l'armée.
Profitant de l'ardeur dont elle est animée,
Suivi des premiers prêts, sans perdre un seul instant,
Aux murs d'Alexandrie à la hâte il se rend.
Les Turcs ouvrent le feu : les Français, pleins d'audace,
Escaladent les murs, envahissent la place.
L'ennemi capitule et, bientôt rassuré,
Admire son vainqueur qui, toujours modéré,
Promet de respecter ses mœurs et ses usages.
C'est, par de tels moyens, aussi justes que sages,

Qu'il sut, en peu de temps, avec habileté,
Soumettre le pays à son autorité.
Aussi, sans Aboukir, imprudence inouïe,
Que l'amiral Brueys expia de sa vie ;
Sans cet autre amiral qui devait, par trois fois,
Du héros immortel, vainqueur de tant de rois,
Entraver les desseins et briser l'espérance,
Par sa témérité, par son insuffisance ;
Dieu sait, dans l'Orient qu'il voyait s'entr'ouvrir,
Quels illustres destins lui gardait l'avenir !

L'armée est débarquée et, dans Alexandrie,
Laissant alors Kléber qu'une balle ennemie
A l'assaut de ses murs blessa légèrement,
Napoléon s'apprête à marcher en avant.
C'est le corps de Desaix qui, le premier, s'avance.
Il forme l'avant-garde et, plein de confiance,
Marche sur Damanhour, prêt à se mesurer
Contre les Mameluks qu'il croit y rencontrer.

Mais, avant de pouvoir joindre leur adversaire,
Ces soldats éprouvés par mainte et mainte guerre,
Ces hommes, dès longtemps aux fatigues rompus,
Qui, couchant dans la neige et souvent demi-nus,
Furent parfois privés de ce pain que la France,
Sait réserver pourtant à la triste indigence,
Allaient dans le désert trouver des ennemis
Plus terribles que ceux qu'ils vainquirent jadis !
Sous un soleil ardent et sur un sable aride,
La ferme volonté qui les soutient, les guide,

Semble fondre aux rayons de cet astre de feu !
Ils luttent, cependant, et chacun, comme il peut,
Supporte la chaleur, la soif inexorable.
Mais que voient-ils là-bas? O surprise agréable!
C'est un beau lac d'azur, aux bords délicieux,
Qui, du sein du désert, a surgi sous leurs yeux.
Cet aspect enchanteur allége leur souffrance,
Et leurs gosiers ardents aspirent par avance
De ces limpides eaux l'attrayante fraîcheur !
Ils courent a l'envi, mais bientôt, o douleur!
Ils voient s'évanouir la décevante image,
Fantôme du désert qu'on appelle mirage !
Il faut se résigner, en prendre son parti,
Et, par ce triste échec désormais averti,
Chacun se promet bien, usant de défiance,
De ne plus se laisser tromper par l'apparence.
Vaines illusions, et serments imprudents !
Semblable au vieux Protée, à qui ses changements
Servaient à dérouter le mortel téméraire
Qui, pour le consulter, affrontait sa colère,
Le mirage trompeur, par des aspects nouveaux,
Venait à tous moments ajouter à leurs maux.
Il leur montre tantôt les remparts d'une ville,
Et tantôt les moissons d'une plaine fertile :
Plus loin, une oasis aux arbres verdoyants
Dont l'ombrage est bien fait pour tenter les passants.
Ils luttent, mais en vain : un moment incertaine,
Leur âme a succombé, le mirage l'entraîne,
Et, Tantales nouveaux, sans cesse ils croient saisir
L'objet si désiré que sans cesse ils voient fuir !

Tant de déceptions matent leurs fiers courages,
Qui, du sort, jusqu'alors, ont bravé les orages,
Et quelques-uns, vaincus par l'excès de ces maux,
Succombent : le désert a vu blanchir leurs os !

Enfin, il est franchi ce désert redoutable :
Le vieux Nil apparaît, le Nil, fleuve admirable,
Dont les fécondes eaux nourrissent le pays.
Chacun à son aspect joyeusement surpris,
Dans son sein oubliant ses ennuis, sa souffrance,
Sent dans son cœur ému renaître l'espérance.

A peine débarqué, le héros prévoyant,
Dirigeait sur Rosette un fort détachement,
Pour s'emparer du bras du fleuve : une flottille
Qui devait, de ses plans auxiliaire utile,
En remontant du Nil le majestueux cours,
Transporter sans efforts les objets les plus lourds,
Près de Ramanieh bientôt rejoint l'armée.
Celle-ci, dont l'ardeur est dès-lors ranimée,
Brûle de rencontrer ces Mameluks fameux,
Sujet toujours fécond de récits merveilleux.

Avant d'aller plus loin, Prince, il faut que je dise
A quel régime alors l'Égypte était soumise.
Ce pays malheureux, aux États du Sultan
Appartenait encor, mais de nom seulement.
Ces immenses États, produit de la conquête,
Me font assez l'effet d'un vaste corps sans tête
Qui, sans direction, voit ses membres épars

Livrés à tous les vents et, jouets des hasards,
S'avancer à tâtons ou marcher en arrière,
Sans pouvoir arriver à franchir cette ornière
Que creusent sous leur pas chancelants, éperdus,
Les tristes préjugés de temps qui ne sont plus.
Comme tous les pouvoirs qui sentent leur faiblesse,
A défaut de vigueur s'appuyant sur l'adresse,
Ces pâles héritiers de tant de conquérants,
En Égypte avaient craint que leurs représentants
Ne voulussent, brisant un lien si fragile,
Se rendre souverains de ce pays fertile ;
Et, comme contre-poids de leur autorité,
Le pouvoir des Sultans n'avait rien inventé
De plus ingénieux qu'un grand corps militaire
De jeunes Circassiens élevés pour la guerre,
Et dès leur tendre enfance achetés dans ce but,
Devaient lui conserver ce moyen de salut.
Mais, comme l'indiquait la simple prévoyance,
En comprenant bientôt quelle était leur puissance,
En voyant le pays qui tremblait devant eux,
Du corps des Mameluks les Beys ambitieux,
Voulurent désormais y régner sans partage,
Et l'Égypte, de fait, devint leur apanage.

Tel était l'ennemi qu'il fallait expulser :
Déjà Chébress l'a vu fuir et se disperser
Devant ces bataillons devenus immobiles,
Pour obéir au chef dont les ordres habiles,
Ont su, de ses soldats en comprimant l'élan,
Les transformer soudain en un rempart vivant.

Le vingt-et-un juillet, enfin, toute l'armée,
D'un spectacle magique est enthousiasmée !
De nos braves soldats qui charme ainsi les yeux ?
Ah ! vous le comprendrez : le Caire est devant eux ;
Ce Caire tant vanté, que plus d'un, plein de rage,
A cru voir au désert, trompé par le mirage,
Il est là. Ce n'est plus un fantôme odieux :
Ses trois cents minarets élancés vers les cieux,
Annoncent aux regards la ville orientale,
Et les vastes contours de cette capitale !

De ce côté du fleuve ils voient en même temps,
Dix mille Mameluks d'or tout étincelants
Superbes cavaliers, pleins de fougue et d'audace,
Ils ont a soutenir et l'honneur de leur race,
Et cette autorité, source de leurs profits,
A laquelle ils ont su soumettre le pays.
Leurs escadrons serrés, qui font face à la plaine,
Pourront, l'instant venu, s'y répandre sans peine ;
Leur droite se soutient sur le camp d'Embaleh :
Le troupeau des fellahs s'y trouve accumulé.
Mise à l'abri des murs, cette cohue immense,
Fait espérer au moins un peu de résistance.
Enfin, pour tout prévoir, du côté du désert,
S'ils doivent succomber, le champ leur est ouvert.
Mourad-bey les commande et ce chef intrépide,
Ignorant, mais adroit, digne d'être leur guide.
Espère en ce moment écraser l'agresseur
Dont il ne peut encor connaître la valeur.

Quel jour pour un Français ! quel beau jour pour l'armée !
Qui, toute frémissante et de gloire affamée,
Pour voler au combat n'attend plus qu'un signal.
Napoléon, alors, d'un coup-d'œil sans rival,
Embrassant à la fois cette vaste étendue,
Où tant d'objets divers viennent frapper sa vue,
Ainsi que ses soldats est enthousiasmé.
Il court devant leurs rangs et, d'un geste animé,
Leur indiquant au loin les vieilles Pyramides
Qui, du sein du désert et des sables arides,
Paraissent défier les injures du temps :
« Soldats, s'écria-t-il, voyez ces monuments :
« Témoins des jours passés, de votre jeune gloire,
« Aux siècles à venir ils rediront l'histoire ! »

Napoléon comprend qu'il n'a qu'un ennemi
Qui mérite ce nom : il marche droit à lui.
Dédaignant d'Embaleh la vile multitude
Qui ne peut lui causer aucune inquiétude,
Sûr qu'elle n'osera sortir du campement,
Il lance ses soldats, par un prompt mouvement,
Entre les Mameluks et ce camp inutile.
Mourad-bey, qui comprend cette manœuvre habile,
Cherchant à l'arrêter, pousse ses escadrons.
Ils partent soulevant d'immenses tourbillons
De sable et de poussière, et leur masse imposante
Semble devoir broyer, dans sa course effrayante,
Tous ceux qui tenteraient d'en arrêter l'élan.
Desaix, comme toujours, qui marchait en avant,
Fait halte alors : son corps, vite, en carré se forme :

Immobile, il attend l'effort d'un choc énorme.
Mais d'un calme courage, effet toujours certain
L'ennemi s'est brisé comme en un mur d'airain
En vain sur nos carrés il court avec furie,
Et les coups redoublés de notre artillerie
Qui, presqu'à bout portant, fauchent des rangs entiers,
Terrassent la valeur de ces fiers cavaliers !
Des Mameluks la perte est ainsi consommée.
Mourad, réunissant les restes de l'armée
Qui, ce matin encor, dominait le pays,
Disparaît au désert, suivi de ses débris.
Embabeh, canonné, fit peu de résistance,
Et, depuis ce beau jour, on vit notre puissance
Sur l'Égypte s'étendre et s'affermir bientôt.
La lutte est suspendue, et maintenant il faut
Admirer le héros, qui sut, par son génie,
Sa perspicacité, sa sagesse infinie,
De ces peuples calmer les préjugés fâcheux.
Son immense ascendant bientôt règne sur eux,
Et, remplis de terreur, les habitants du Caire
L'ont baptisé du nom de Sultan de la guerre !

Hélas ! dix jours après un triomphe si beau,
La rade d'Aboukir devenait le tombeau
De nos braves marins, glorieuses victimes
D'une insigne faiblesse ou du plus grand des crimes !
Chacun, en apprenant ce triste événement,
Sentit peser sur lui le découragement.
C'était, pour le héros, le coup le plus sensible,
Mais il sut conserver un visage impassible.

« Eh bien ! s'écria-t-il, d'ici nous sortirons
« Grands comme les anciens ou nous y périrons ! »

Effet trop naturel de ce désastre immense,
De l'ennemi vaincu s'accrut la résistance.
Mourad nous fit payer chèrement nos succès,
Et, dans la Haute-Égypte ou commandait Desaix,
Plus d'un sanglant combat ou, grâce à leur courage,
Nos braves, cependant, conservaient l'avantage,
Marqua chacun des pas par nous faits en avant.
Aux confins du pays Desaix put, cependant,
Avec habileté mener son entreprise,
Et l'Égypte, dès lors, nous fut toute soumise

Pourtant Napoléon ne fut point ébloui
Par le calme trompeur qui régnait près de lui.
Et, loin de se laisser aller à l'indolence,
Chaque jour vit grandir sa sage vigilance.
Employant les ressorts d'un art ingénieux,
Il cherche à s'assurer le concours précieux
Des cheiks dont le pouvoir, par ce moyen habile,
Devint de ses projets un instrument utile,
Et, s'il ne put sur tous compter entièrement,
Sur beaucoup il sut prendre un puissant ascendant

Le moment approchait où le Nil tutélaire,
De ses fécondes eaux allait couvrir la terre :
Pour l'Égypte c'est là le plus grand des bienfaits,
Car sous ce beau climat l'eau ne tombe jamais,
Et l'abondant limon que le fleuve dépose

Des plus riches moissons est la fertile cause.
Aussi, lorsque l'on voit revenir l'heureux jour,
Qui, du débordement, amène le retour,
Avec empressement chacun alors s'apprête
Du fleuve bienfaisant a célébrer la fête.
Dans le Caire un canal ou se trouve un niveau,
Indique aux yeux de tous la hauteur qu'atteint l'eau.
Un barrage s'oppose à l'onde impatiente,
Et, lorsque sa hauteur a paru suffisante,
Le barrage enlevé laisse rentrer, enfin,
Ces eaux qui, de l'année, indiquent le destin;
Plus elles monteront et plus leur influence.
Se répandant au loin, y créera d'abondance.
Napoléon voulut qu'on fêtât dignement
Ce jour où le pays, d'un cœur reconnaissant,
Venait bénir de Dieu la bonté paternelle.
Jamais on n'avait vu pompe aussi solennelle,
Et le Nil, élevant le niveau de ses eaux,
Sembla se déclarer en faveur du héros!

J'ai déjà célébré cette habile sagesse,
Qui savait du pouvoir adoucir la rudesse,
Alors que, retenant la haute autorité,
-Aux peuples il laissait beaucoup de liberté.
Loin de contrecarrer leurs mœurs et leurs usages,
Appliquant de leurs lois quelques préceptes sages,
Il rétablit pour eux les antiques divans
Dont ils avaient été privés par leurs tyrans.
Enfin, pour couronner sa souple politique,
A leur religion, sa conduite publique

Accorda le respect : souvent au milieu d'eux
Il vint, dans la mosquée, au ciel offrir ses vœux.
Qui l'osera blâmer d'une conduite telle ?
Pour le salut commun peut-on flétrir son zèle,
Et croit-on que ce Dieu que nous adorons tous,
Pour s'adresser à lui, veuille exiger de nous
Certains mots, certains sons que la bouche murmure ?
Oh ! non. Penser ainsi ce serait faire injure
Au maître souverain de la terre et des cieux.
Et les mortels sont tous égaux devant ses yeux.
Je ne suis qu'un soldat, mais je comprends sans peine
Qu'une religion, indispensable chaîne,
Du vulgaire ignorant domptant les appétits,
Vers un but noble et bon dirige les esprits,
Et que le souverain, s'il veut se montrer sage,
Au culte du pays doit toujours rendre hommage.
Mais proclamer tout haut qu'il n'est point de salut,
Hors d'un certain giron, c'est dépasser le but.
Et c'est ressusciter l'antique intolérance
Qui causa si longtemps les malheurs de la France.
Ah ! chassons loin de nous ce triste souvenir;
Pour adoucir les mœurs comptons sur l'avenir :
Grâce aux progrès constants des arts, de l'industrie,
Un jour les nations n'auront qu'une patrie
Et, se connaissant mieux, ne mépriseront plus
Tous les cultes qu'à Dieu les hommes ont rendus;
Ou, même, dédaignant les formes, les symboles,
Ne s'arrêteront point à des dehors frivoles,
Et diront hautement : vivre en homme d'honneur
C'est encor rendre à Dieu le culte le meilleur !

Tant de soins, tant d'efforts, avaient donné la vie
A la vieille cité si longtemps endormie
Sous le sceptre honteux de ces Turcs indolents
Dont les stupides mœurs ne sont plus de nos temps.
L'ordre, en reparaissant, ramenait le bien-être,
Et chaque jour voyait un abus disparaître.
Cependant, triste effet de l'asservissement.
Ces êtres abrutis regrettaient vivement,
Et les honteux abus, et l'affreux esclavage
Qui, du pouvoir des Turcs, fut l'exécrable ouvrage.

Dans le Caire soudain la révolte éclata :
Des Français isolés l'horrible assassinat,
Annonça les desseins d'ennemis implacables.
Pour entraîner chacun vers leurs projets coupables,
De Mourad, d'Ibrahim, les secrets partisans,
Assurés du concours des cheiks les plus marquants,
Avaient semé partout l'écrit plein de colère,
Par lequel le Sultan nous déclarait la guerre.

Grâce à l'insouciance, aux perfides lenteurs
Des jaloux du héros, des tristes Directeurs,
Qui, manquant lâchement d'accomplir leur promesse,
Eussent pu s'assurer, avec un peu d'adresse,
L'amitié du Sultan ou sa neutralité,
Près de lui l'Anglais sut avec facilité
Obtenir pour ses plans un accueil favorable,
Et l'on vit de nouveau le Bertrand de la Fable,
Toujours plein de candeur pour son ami Raton,
Vouloir ôter du feu le trop brûlant marron.

Mais l'ennemi comptait sans la prompte énergie
Et sans l'habileté de l'homme de génie
Qui, devant le danger, sans cesse grandissant,
Savait le dominer par son vaste ascendant.
Sous un châtiment prompt la révolte écrasée,
Vint montrer, en ce jour, à la foule insensée
Qui s'était contre nous livrée à tant d'excès,
Que l'on ne répand pas en vain le sang français !
Il fallait un exemple, un exemple sévère :
Sombre nécessité de cette étrange guerre,
Où, maîtres d'un pays devenu leur prison,
Les Français, qui voyaient rembrunir l'horizon,
Durent, dans la terreur, chercher l'obéissance
Qui, d'un pouvoir plus doux, fuyait la bienveillance.

L'ordre étant rétabli, le héros pardonna
Aux habitants soumis, et le calme régna.

C'est alors que, trouvant un moment favorable,
Celui que de combats on peint insatiable,
Trop heureux de changer, ne fût-ce qu'un instant,
L'habit du général pour celui du savant,
Se rendit à Suez suivi du corps illustre
Dont les féconds travaux ont répandu leur lustre
Sur l'expédition, qui permit d'enrichir
La science de faits qu'on ne peut lui ravir.
Là, de l'ancien canal contemplant les vestiges,
Celui qui sut plus tard créer tant de prodiges,
Conçut le grand dessein de le ressusciter.
Le ciel ne permit pas qu'il pût exécuter

Ce projet fécond qui (du moins j'aime à le croire)
D'un autre plus heureux un jour sera la gloire,
Et maintenant surtout que, grâce à la vapeur,
Le chemin le plus court est toujours le meilleur !

Napoléon apprend qu'en Syrie une armée,
Par ordre du Sultan est contre lui formée.
Son plan est tout tracé : prévenir l'ennemi,
Arrêter ses progrès et le vaincre chez lui.
Déjà, près d'El-Arich, cet ennemi se montre :
Le général Regnier, volant à sa rencontre,
S'empare d'El-Arich, et, sans perdre un instant,
Bat le corps d'Ibrahim, se saisit de son camp.
L'Anglais, pendant ce temps, bombarde Alexandrie :
Il voulait arrêter nos pas vers la Syrie.
Napoléon se rit d'une diversion
Dont il a dès l'abord compris l'intention :
Il laisse les Anglais brûler en vain leur poudre.
Sur les champs Syriens il fond comme la foudre.
Gaza se rend à nous ; Jaffa veut résister :
Nos braves à l'assaut la savent emporter.
(Alors, spectacle affreux ! plus triste que la guerre),
On vit renaître encor les massacres du Caire;
Terrible expédient qu'imposait au vainqueur,
D'un sauvage ennemi l'exécrable fureur
Qui, d'un parlementaire, osa trancher la tête!

Jaffa, dont nous venions de faire la conquête,
Recélait dans ses flancs un fléau plein d'horreur
Qui, dans nos rangs, soudain répandit la terreur!

La peste ! A ce seul mot frissonnaient les plus braves,
Et déjà l'on voyait, sur leurs visages hâves,
Se dessiner du mal l'indélébile sceau ;
A la mort, presque tous, il les menait bientôt.
Que j'en ai vu tomber ! que j'ai vu d'agonies !
Et que le ciel jaloux trancha de nobles vies
Sous l'étreinte et l'effort de cet horrible mal !
Pour un soldat, mourir à survivre est égal,
Alors qu'en un combat vaillamment il succombe ;
Mais dans un hôpital sentir s'ouvrir sa tombe,
Souffrir mille tourments, ne voir autour de soi
Que visages remplis de dégoût et d'effroi,
Voir un intime ami trembler à votre approche,
De son trépas souvent se faire le reproche,
Lorsqu'atteint à son tour il gît auprès de nous....
Ah ! plaignons ceux frappés d'aussi sensibles coups !
La mort devient pour eux un ange tutélaire.

Un doux rayon, pourtant, vint, sur tant de misère,
Un jour s'épanouir : toujours calme et serein,
Sans crainte de ce mal qu'il brave avec dédain,
Napoléon, doué d'une âme si sensible ,
De tant de maux ressent le contre-coup pénible.
Comment les soulager ? L'art prodigue ses soins
Et du mieux qu'il le peut veille à tous les besoins.
Que dis-je ? Allant plus loin, l'illustre Desgenette,
Dans son flanc entr'ouvert introduit la lancette
Qui vient de recueillir un pus fétide et noir :
Il triomphe du mal et chacun a pu voir
Le fléau terrassé privé d'une victime,

Et la mort respectant un dévouement sublime !
Mais, hélas ! ce fléau fait toujours des progrès.
Napoléon alors veut le voir de plus près :
Guidé par un élan de son noble génie,
Dans son antre il osa braver la maladie,
Et des pestiférés touchant les corps bleuis,
Pour leur horrible mal montrer tout son mépris.
« Ce n'est rien, leur dit-il, reprenez donc courage ! »
Et comme on le blâmait parmi son entourage :
« J'ai rempli mon devoir, répond-il simplement. »
Ah ! combien, à sa place, en auraient fait autant !

Le fléau destructeur n'arrête point l'armée
Qui, des succès auxquels elle est accoutumée,
En poursuivant le cours, sut vaincre et disperser
Le corps que le Sultan voulait nous opposer.
Le mont Thabor a vu Kléber inébranlable,
Six heures soutenir un assaut formidable ;
Il vit Napoléon, avec un art savant,
Entourer l'ennemi d'un triangle vivant,
L'abîmer de ses feux et le mettre en déroute.

Après un tel succès, vous penserez, sans doute,
Que le but du héros était dès lors rempli.
Il avait, en effet, écrasé l'ennemi,
Et nulle invasion ne paraissait à craindre ;
Mais un plus vaste but qu'il désirait atteindre,
Prolongeant ses efforts, mena fatalement
Devant Acre qu'on dut assiéger vainement.
C'est qu'il avait rêvé l'empire de l'Asie :

La fortune, pour lui, fut-elle une ennemie
En arrêtant son vol tourné vers l'Orient ?
Qui résoudra jamais ce problème imposant ?

Il fallut revenir, et, de la capitale
Qui chérit avant tout la pompe orientale,
Pour charmer les regards, à ses braves soldats.
Éprouvés par la peste et de sanglants combats,
Napoléon donna les splendeurs d'une fête.
A peine elle a pris fin, que soudain il s'apprête
A frapper l'ennemi d'un coup plein de vigueur
Qui puisse pour longtemps éteindre son ardeur.

C'était peu pour les Turcs d'agiter la Syrie :
Par leurs soins une armée, à Rhodes réunie,
Montant sur des vaisseaux escortés des Anglais,
Venait de débarquer, d'abord avec succès,
Sur l'isthme d'Aboukir, avait pris le village.
Mais, n'osant pas user d'un si bel avantage
Que le faible Marmont avait facilité,
Dès l'abord son élan semble s'être arrêté.
Napoléon apprend ces détails avec joie ;
Il n'en peut plus douter, il tient enfin sa proie.
Les Turcs paieront pour tous : il va venger sur eux
De nos braves marins le trépas glorieux.
Certain de son succès, il l'annonce d'avance
Aux habitants du Caire, et sa feinte jactance,
Dans un motif plus grave, a puisé sa raison :
A ces peuples qu'étreint la superstition,
Il faut en imposer, pour eux être un prophète.

Mais au combat déjà son armée était prête,
Et six mille soldats lui semblent suffisants
Pour emporter, des Turcs, les forts retranchements.
Ils sont là dix-huit mille : eh ! qu'importe à nos braves?
S'informent-ils jamais des périls, des entraves?
Vous le savez, les Turcs, enceints de trois côtés
Par la mer dont les flots les avaient transportés,
Nous présentaient un front qui semblait formidable ;
De leur position cet aspect favorable,
Par contre produisait un inconvénient
Dont Napoléon sut profiter largement.
Resserrés dans cet isthme, ils perdent l'avantage
Du nombre qui souvent remplace le courage.
Ils sont donc obligés de diviser leurs coups.
Nous partons et, d'abord, nous trouvons devant nous,
Deux mille Turcs qu'à l'eau sans nulle peine on jette.
Du hameau d'Aboukir nous faisons la conquête
Et ceux qui le gardaient, culbutés, écrasés,
Sur la seconde ligne en désordre poussés,
Y répandent un trouble à l'ennemi funeste.
Mais tout cela, c'est peu, car pour vaincre il nous reste
Beaucoup à faire : il faut à l'ennemi ravir
Ces forts par nous construits au devant d'Aboukir.
A ce moment suprême, un instant indécise,
La fortune sembla trahir notre entreprise.
L'intrépide Murat qui, toujours en avant,
Voit les Turcs éperdus céder à son élan,
Veut tourner la redoute ; il lance avec furie
Ses braves cavaliers : la double artillerie
Des chaloupes, des forts, dont les feux sont croisés,

Lui ferme le chemin ; les siens sont écrasés.
Il faut absolument, il faut courber la tête,
Et reculer un peu devant cette tempête.
Mais comment avancer sur ce terrain brûlant ?
Comment exécuter l'important mouvement
Qui doit nous assurer une belle victoire ?
Murat, c'était écrit, doit en avoir la gloire !
Ces Turcs, avec leurs mœurs en retard de mille ans,
Tiennent à posséder les vestiges sanglants
De ceux que le destin frappa dans la mélée ;
Leur triste convoitise est soudain éveillée
A l'aspect de ces corps que leur feu renversa.
Ils quittent les canons, fondent sur eux : Murat
Saisit avec bonheur le moment favorable ;
Il s'élance, traverse, et son choc redoutable
Chasse tout devant lui ; les forts sont entourés ;
Les nôtres aussitôt d'eux se sont emparés.
A ce moment l'on vit, chose extraordinaire,
Jusqu'alors sans exemple aux fastes de la guerre,
Quatorze mille Turcs terrifiés, tremblants,
Mais à leurs préjugés toujours obéissants,
Aux Français, leurs vainqueurs, refuser de se rendre.
La plupart ne songeaient pas même à se défendre.
Convaincus du pouvoir de la fatalité,
Ils attendaient la mort avec tranquillité.
D'autres ont dans les flots vu terminer leur vie ;
Quelques-uns, cependant, gardant leur énergie,
Voulaient nous repousser et luttaient, mais en vain,
Car nul d'entre eux ne put éviter son destin,
Et leur suprême effort dut rester inutile.

Sur l'isthme d'Aboukir ils étaient dix-huit mille :
Morts ou prisonniers, ils succombèrent tous,
Et nos marins ainsi furent vengés par nous.
Ce grand jour, à jamais illustre dans l'histoire,
Sut de Napoléon accroître encore la gloire :
Il avait, effaçant un triste souvenir,
Rendu cher aux Français le beau nom d'Aboukir !

CHANT CINQUIÈME.

—

MARENGO.

Toujours ingénieux s'il s'agit de vengeance ,
L'Anglais, interceptant les nouvelles de France,
Tenait Napoléon dans un isolement,
Qui pesait d'un poids lourd sur son esprit bouillant.
En Orient il voit sa tâche très-bornée :
L'Égypte, sans efforts, désormais gouvernée,
Est calme ; l'ennemi ne peut rien contre nous ;
Il lui faudra longtemps pour se guérir des coups
Dont il vient d'éprouver la terrible énergie.
Alors Napoléon tournant vers sa patrie
Un regard inquiet, plein de pressentiments
Trop bien justifiés par les évènements,
N'a plus qu'un seul désir, une pensée unique :
Connaître les destins de notre République ;
Et l'amiral Anglais, sondé par le héros,
Avec empressement lui livre les journaux,

Tous pleins de nos malheurs, pensant ainsi l'abattre.
Il donne, sans le croire, une arme pour le battre.
En apprenant les maux fondus sur son pays,
Causés pour la plupart par le choc des partis,
Dont les dissentions amoindrissent la France,
Napoléon comprend que le moment s'avance
Où ce bras, du pays jadis le protecteur,
Devra bientôt sans doute en être le sauveur.
Il part soudain, laissant l'Égypte alors tranquille,
Et se donne en Kléber un successeur habile.
Il vogue sur ces flots sillonnés d'ennemis,
Calme au sein des dangers auxquels il est soumis :
Il semble être certain qu'il n'en a rien à craindre.
Il arrive à Fréjus. Ne pouvant se contraindre,
Ni dominer sa joie à l'aspect du héros,
La ville toute entière envahit ses vaisseaux.
De Fréjus à Paris sa marche triomphale,
Dans celle d'aucuns rois ne trouve sa rivale,
Car le bonheur public en avait fait les frais !
C'est le cœur tout ému de ce touchant succès
Qu'il rentra dans Paris précédé de sa gloire
Qu'avait encor grandi sa dernière victoire.
Il n'en fallait pas tant pour que Paris entier,
Du héros d'Aboukir légitimement fier,
Joignit sa grande voix à celle de la France,
Et tous placent dès lors leur plus chère espérance
En celui qui toujours sut vaincre et gouverner ;
Car le bon sens public avait su discerner,
Parmi ces généraux dont plus d'un est illustre,
Celui dont les talents, si grand que soit leur lustre,

A de brillants combats n'était pas limité.
On savait qu'apaisant les esprits agités,
Malgré le Directoire il put, en Italie,
Ressusciter les mots d'honneur et de patrie,
Et semer dans les cœurs un germe fécondant
Qui, de ce riche sol, tôt ou tard surgissant,
Y fera l'unité de la race Italique.
Enfin on l'avait vu tout à l'heure en Afrique,
A des peuples qu'il sait haïr le changement,
Faire chérir son nom, régner adroitement.
N'était-ce pas pour tous le plus heureux présage
D'un avenir meilleur, d'un gouvernement sage?
Et qui s'étonnera qu'après tant de malheurs,
Bien las, bien fatigué des sanglantes horreurs,
Qui longtemps ont souillé la cause la plus belle,
Le pays, épuisé, de tous ses vœux appelle
Du héros qu'il chérit la ferme autorité,
Dût-il y voir un jour sombrer la liberté !

Ces vœux étaient sacrés : cet élan unanime
Rendait un coup d'Etat désormais légitime.

Il serait superflu de vous entretenir
Des moyens dont il dut user pour parvenir
A ce but élevé : la nation entière,
Conspirait avec lui pour rendre à la poussière
Ce triste Directoire, objet de son mépris,
Et le dix-neuf brumaire, approuvé de Paris,
Vit quelques députés, quelques ardentes têtes,
Fuir précipitamment devant nos bayonnettes
Dont le fer, à coup sûr, n'était pas menaçant.

Chacun a sur ce jour porté son jugement.
Aux uns il apparaît comme un acte admirable ;
Pour d'autres ce n'est plus qu'une action coupable :
Chasser des députés élus par le pays !
Ces députés, hélas ! avaient-ils bien compris
La noble mission que leur donna la France ?
Avaient-ils su, du peuple, alléger la souffrance?
De la Vendée en feu terminer les malheurs,
Et du temple chasser les infâmes vendeurs ?
Avaient-ils aux soldats fourni le nécessaire ?
Aidé les généraux a terminer la guerre?...
J'ai le plus grand respect pour la légalité,
Mais il peut arriver que la nécessité
Rende une exception vraiment indispensable.
Eh quoi ! ce peuple entier que le malheur accable,
Qui, depuis si longtemps, ballotté sur les flots,
Cherche à rentrer au port pour goûter le repos,
Il n'aurait pas le droit, changeant son capitaine,
D'éviter un désastre, une perte certaine ?
Faut-il assimiler ce peuple à des moutons
Livrant sans murmurer leurs plus riches toisons ?
Mais on répond alors : c'est courir à sa perte,
C'est aux ambitieux tenir la porte ouverte.
Erreur ! vain préjugé qui puise en d'autres temps,
Disparus à jamais, ses frêles arguments.
Une usurpation ne semble plus à craindre;
Et quel peuple un tyran doit-il jamais contraindre
D'accepter humblement le rôle de troupeau ?

C'est la France qui sut arracher le bandeau

Qui couvrait les regards de nations entières ;
Et, lorsqu'après vingt ans des plus sanglantes guerres,
Le Français, si longtemps vainqueur de tous les rois,
Par la force se vit dicter de dures lois,
Ce n'est qu'en maudissant sa vigueur amoindrie,
Qu'il laissa l'étranger opprimer sa patrie !
Mais, je le dis encore, un peuple maintenant,
Libre, n'acceptera jamais aucun tyran.

Le plus facile était d'abattre, de détruire ;
Mais il fallait alors songer à reconstruire,
A placer désormais dans de bons fondements,
L'édifice ébranlé sur qui, depuis dix ans,
La tempête grondait : long et pénible ouvrage,
Bien fait pour rebuter le plus ferme courage !
Ce n'est pas qu'il manqua de faiseurs de projets,
Offrant à tous venants leurs importuns secrets.
Mais pourvoir aux besoins de la chose publique,
Arrêter le désordre et, d'un zèle énergique,
Refaire le crédit de l'État aux abois.
Rétablir l'observance et le respect des lois,
Calmer les passions, créer la confiance;
Du chaos, en un mot, faire sortir la France;
Tels étaient, en ce jour, les objets importants.
Notre héros s'y met sans perdre les instants.
Laissant à Sièyes l'œuvre législative,
Et du travail prenant la portion active,
Il sait tout diriger avec facilité.
Telle une antique horloge a longtemps résisté
Aux efforts maladroits d'un élève inhabile.

Qui, de la main du maître, agissante et docile,
Sans peine, sans efforts, reprend son mouvement,
Et marche désormais très-régulièrement.
Vous le savez déjà : l'État est sans ressources ;
Napoléon du mal a découvert les sources.
L'impôt ne rentrait pas : il le fera rentrer.
De son coup-d'œil si sûr il a su rencontrer
Un homme intelligent, modeste, mais habile,
Qui fut de ses desseins un instrument utile.
Bientôt l'argent revient au Trésor épuisé ;
De scandaleux abus le cours avait cessé.
Aux finances, alors, naît cet ordre admirable ,
De l'Empire français vestige impérissable !

Nos malheureux soldats, tout couverts de haillons,
Sans armes, sans chevaux et sans munitions,
Manquaient même de pain. Leur affreuse misère ,
Résultat du désordre et non pas de la guerre,
Venait de ces bureaux où l'incurie, hélas !
Gérait les intérêts de nos braves soldats.
Par de premiers secours soulageant leur détresse,
Il leur parle d'honneur : l'indiscipline cesse,
Et ceux que le besoin égara quelque temps,
A sa puissante voix toujours obéissants,
Certains de retrouver un pouvoir tutélaire,
Respectent du héros la volonté sévère.

Pendant que celui-ci, tout entier à ces soins,
Du pays apaisait les plus pressants besoins,
Et transformait ainsi, pour la France charmée,

En administrateur le général d'armée,
Sieyès, dont l'esprit méthodique et profond
Rêvait depuis longtemps la constitution,
Dont il voulait doter notre belle patrie,
Libre enfin de donner l'essor à son génie,
Faisait connaître alors ses plans ingénieux,
Du nouvel édifice éléments précieux !
Aussitôt adoptés ils sont mis en pratique,
Et le premier Consul, à qui la République,
D'une commune voix, confiait ses destins,
En sentant le pouvoir affermi dans ses mains;
Pour que la France fût forte et régénérée,
Portant sur chaque plaie une main assurée,
Au mal le plus profond savait remédier.
Ainsi, des charlatans, ignorant du métier,
Soignent un patient jeune et robuste encore,
Que l'ardeur de son âge et la fièvre dévore :
L'effet pernicieux de leurs médicaments,
Bien loin de les calmer, augmente ses tourments,
Et, s'ils ne cessent pas, d'un mal fort guérissable,
Ils auront fait bientôt un péril véritable
Pour celui qui reçoit des soins si dangereux !
Mais qu'un sage docteur se présente après eux :
S'il en est temps encor, par son expérience,
Il saura du malade alléger la souffrance,
Et, calmant avec art son système irrité,
Lui rendre promptement la force et la santé !
Ainsi, de jour en jour, la France endolorie,
Reprenant sa vigueur, renaissait à la vie.

Mais pour que le pays, sans crainte désormais,
D'un pouvoir sage et fort pût goûter les bienfaits;
Pour que l'ordre, avec lui, ramenant le bien-être,
Jusqu'au fond des hameaux pût enfin reparaître,
Napoléon voulut offrir aux ennemis,
Une solide paix dont il sentait le prix.
Quel fait plus merveilleux à graver dans l'histoire!
Ce jeune général, couronné par la gloire,
Idole des Français, à qui dix ans de maux
Font goûter vivement tout le prix du repos,
Pour se voir obéï n'a qu'un seul mot à dire:
Sur le pays entier il connaît son empire.
Nul ne sait mieux que lui quels soldats valeureux,
L'aidant à triompher dans vingt combats fameux,
En illustrant son nom fondèrent sa puissance :
Ils sont là, toujours prêts, bouillants d'impatience;
Il peut compter sur eux comme ils comptent sur lui !;
Mais dans ce noble cœur un nouveau jour a lui.
La gloire des combats, son idole chérie,
Fait place dans son cœur au bien de la patrie;
Il n'est plus général, il est gouvernement,
C'est un père qui veille au salut d'un enfant.

Il offrit donc la paix, prêt à faire la guerre.
Deux ennemis alors, l'Autriche et l'Angleterre,
Persistaient à lutter sans motifs sérieux,
Guidés aveuglément par un ambitieux,
Qui, pour garder en mains la suprême puissance,
Ne connut qu'un moyen : la guerre avec la France!
Et qui, de son pays, flattant avec succès

L'orgueil, les passions, les sentiments mauvais,
De sang et de débris couvrit l'Europe entière.
Par un traité honteux le perfide insulaire,
Liant l'Autrichien qu'avec art il flattait,
Lui payait à prix d'or le sang qu'il répandait.
En vain Napoléon à ses yeux fait-il luire
Les sublimes élans dont son âme s'inspire;
En vain lui fait-il voir les immenses bienfaits
Que donnerait à tous une durable paix.
Un refus insultant fut la réponse unique
Du ministre inhumain, que la chose publique
Touchait moins, à coup sûr, que son propre intérêt.
A tout évènement le héros était prêt.
Par un mélange heureux de vigueur et d'adresse,
Dans la triste Vendée enfin la guerre cesse,
Et ces vaillants soldats qui luttaient, frémissants,
Contre d'autres Français égarés trop longtemps,
Sentent s'approcher l'heure ou leur bouillant courage,
Vengeant sur l'ennemi la France qu'il outrage,
Va lui faire expier ses insolents dédains.

D'un voile impénétrable entourant ses desseins,
Napoléon ordonne et, soudain, en silence,
Des bataillons épars vont, traversant la France,
Se rassembler aux lieux d'avance convenus.
Ils partent, ces héros encore à demi-nus.
Bientôt à chaque étape, ô surprise nouvelle !
Du pourvoir envers eux tous admirant le zèle,
Y trouvent des souliers, des armes, des habits ;
Ils sont enfin vêtus, ils sont enfin nourris !

Cependant en cent lieux l'aveugle Renommée,
Annonce qu'a Dijon se rassemble une armée
Qui sera la réserve, et qui pourra, soudain,
Se portant à propos sur le Var ou le Rhin,
Sur l'un de ces deux points nous donner l'avantage.
Pour un vulgaire esprit ce plan paraissait sage.
L'Autrichien y crut, et plus d'un espion,
Pour s'assurer du fait, accourut à Dijon.
Ils ne trouvèrent là rien de bien redoutable :
Un cadre d'officiers, vestige respectable,
Quelques jeunes conscrits sortant de leurs foyers,
Ni corps, ni régiment, ni bataillons entiers !
Le camp devant Dijon n'était donc qu'une feinte.
Dans quel but ? dans celui d'inspirer de la crainte
A Mélas, dont le corps, quatre fois plus nombreux,
Essayait d'écraser les soldats valeureux
Que commandait alors Masséna l'héroïque.
La réserve dès lors passe pour chimérique,
Et l'on croit qu'épuisés par dix ans de combats,
Nous manquons, à la fin, d'argent et de soldats.
Le but se trouve atteint ; l'Autriche est abusée.
Pendant que de Mélas l'armée était poussée
Vers Gênes et le Var, où vingt combats sanglants
Achevaient d'arrêter ses progrès déjà lents,
Au pied du Saint-Bernard s'amoncèle l'orage
Qui va l'anéantir ! Le nombre, le courage,
Rien ne lui permettra d'échapper au destin
Qui, près de Marengo, déjà marque sa fin !

Napoléon eut pu, volant en Ligurie,

Reprendre les chemins qu'illustra son génie,
Et, guidant de nouveau ses anciens compagnons,
Les mener à la gloire en vengeant leurs affronts !
Mais il voyait déjà des luttes acharnées,
Par de sanglants assauts dix villes ruinées.
Puis il savait combien sa présence à Paris,
Utile au bien de tous, rassurait les esprits.
Aussi, résolut-il, par un coup de tonnerre,
D'écraser l'ennemi, de terminer la guerre.
Moreau passe le Rhin : faible et par trop prudent,
Ce général voudrait marcher plus lentement ;
Mais le premier Consul lui fait enfin comprendre
Que de ses premiers pas le succès va dépendre ,
Et qu'il faut que, de Kray, les bataillons nombreux,
Ne puissent déranger son plan audacieux.
Le succès nous sourit et l'ennemi recule.
A Vienne, cependant, toujours aussi crédule,
On persiste à compter sur notre épuisement.
Les succès de Mélas, payés si chèrement ,
Leur laissent espérer que la France envahie ,
Pour se défendre va rappeler en partie
Les soldats de Moreau qui, trop faible dès lors ,
Du Rhin sera forcé de regagner les bords.
Pendant que l'ennemi nourrit cette chimère,
Et que, de son côté, la perfide Angleterre
Sur le camp de Dijon raille agréablement,
Napoléon agit : ce génie étonnant
Saisit toujours de tout l'origine et les causes,
Comprend, approfondit, embrasse toutes choses.
Il ordonne, et soudain de nombreux bataillons,

Tout un matériel, des chevaux, des canons,
Du neigeux Saint-Bernard vont, franchissant le faîte,
En un mois, du Piémont, refaire la conquête.

Ce fait miraculeux, que je veux retracer,
De sa grandeur m'accable, et je dois m'excuser,
Si d'impuissants efforts, secondant mal mon zèle,
Ne vous en donnent point une image fidèle.
Qui, d'ailleurs, dignement peindra notre héros ?
L'art vaincu bien souvent y brisa ses pinceaux !

Au pied de ces grands monts dont la cime blanchie,
Immuable rempart de la noble Italie,
Semble de leurs efforts défier le succès,
Ils sont quarante mille : à tout ils sont tous prêts.
Ces soldats aguerris qu'épargna la mitraille,
Pour qui les plus beaux jours sont les jours de bataille,
Que les privations, les fatigues, la faim,
Pendant près de dix ans, assaillirent en vain,
Enorgueillis d'un chef qui double leur courage ,
Franchissent en chantant ce périlleux passage,
Que le fier montagnard n'aborde qu'en tremblant.

Déjà Napoléon avait, à prix d'argent,
Rassemblé les mulets de toute la contrée :
Ces humbles animaux dont la marche assurée
Parcourt sans hésiter les sentiers dangereux
Dont ces monts sont remplis, vont, traînant avec eux
Tout ce matériel, complément nécessaire
D'une armée en campagne et prête pour la guerre.

Mais leur secours bientôt se trouve insuffisant :
Chaque maître, effrayé d'un travail écrasant ,
Tremble qu'à ce labeur son animal périsse.
D'un gain avantageux il fait le sacrifice,
Abandonne l'armée et rejoint son canton.
O contre-temps fâcheux ! et comment pourra-t-on
Faire franchir des monts les chemins difficiles,
A ces tubes d'airain, inertes, immobiles,
Qui semblent défier le plus puissant effort ?
Faut-il abandonner ces instruments de mort ?
Leur imposante voix tonnant dans la mêlée
Arrête l'ennemi, dont la marche troublée
Ne peut plus résister au choc de nos soldats.
Des obstacles ceux-ci ne s'épouvantent pas.
Dans le flanc d'un sapin que la hache façonne ,
Chaque tube est placé : le bois qui l'environne
Contre un funeste choc saura le protéger :
Ils peuvent désormais affronter le danger.
Mais comment les mouvoir ? Aussitôt, à l'envie,
S'empressent nos soldats. Chaque pièce est saisie.
Au sapin protecteur cent hommes s'attelant,
L'ébranlent tout-à-coup et marchent en avant.
Mais quoi ? Vont-ils ainsi s'avancer en silence ?
Oh ! non, car ce sont là ces enfants de la France
Que la gaieté, l'entrain n'abandonnent jamais,
Et qui savent braver les jours les plus mauvais !
Soudain de mille voix jaillit la Marseillaise.
Immortel compagnon de la valeur Française,
L'hymne sublime éclate, embrase les esprits,
Du danger, de la mort, inspirant le mépris.

De la noble harmonie, ô pouvoir admirable !
Que n'ont jamais connu ceux qui traitent de fable
Les murs que releva la flûte d'Amphion !

Sur un étroit plateau qui domine le mont,
Entourés en tous temps d'un neige éternelle,
D'humbles religieux, animés d'un saint zèle,
Prodiguent leurs secours à tous les malheureux
Égarés bien souvent dans ces sentiers affreux.
Qui ne sait par quel art leur âme charitable,
Sachant mettre à profit cet instinct admirable
Que Dieu voulut donner aux chiens de ce pays,
A seconder leurs soins les a si bien appris ?
Lorsque du Saint-Bernard ils atteignent le faîte,
Nos braves au couvent trouvent la table prête.
Le fromage, le pain et le vin généreux
Ravivent les esprits, et les propos joyeux
Circulent librement. Puis, plongeant dans l'espace,
Leurs yeux vers le Piémont cherchent déjà la place
Où de nouveaux lauriers vont bientôt rajeunir
Ceux qu'aux champs de Belgique ils surent obtenir.
Ils descendent, ils voient enfin de la verdure :
Du sol Italien la riante nature
Se montre en ce moment à leurs yeux éblouis,
Comme un nouvel Éden, terrestre paradis,
Dont la possession, qu'ils escomptent d'avance,
Va leur donner à tous le repos, l'abondance,
Ces rêves du soldat, sans cesse ballotté,
Rêves toujours, hélas ! jamais réalité !

Mais quel bruit tout-à-coup se répand et circule ?
Un obstacle imprévu devant qui l'on recule ?
Napoléon était encore au pied des monts,
Activant le départ des derniers bataillons,
Quand soudain un courrier apporte la nouvelle
Que l'avant-garde, en marche, a trouvé devant elle
Un fort inaccessible et couvrant de ses feux
Un vallon fort étroit, défilé dangereux,
Qu'il fallait traverser pour atteindre la plaine.
Ce serait affronter une perte certaine
Et vouer à la mort bien des braves soldats.
D'ailleurs, eux traversés, ils ne passeront pas
Ces chevaux, ces caissons et cette artillerie,
Au prix de tant d'efforts, en ces lieux réunie,
Sans être mutilés par un feu meurtrier.
Des pâtres, cependant, indiquent un sentier,
Des hommes, des chevaux permettant le passage.
Dans ce chemin abrupt l'avant-garde s'engage.
Toute l'armée après, à son tour le franchit.
Mais restaient les canons : au milieu de la nuit
Des braves à l'un d'eux s'attèlent en silence.
Ils vont : l'airain sonore a trahi leur présence ;
L'ennemi les entend et tous les feux du fort,
Vomissant à la fois la mitraille et la mort,
Écrasent ces héros, martyrs de leur courage.
Mais d'un si grave échec nul ne se décourage.
Pour supprimer le bruit, chaque tube d'airain,
Et de toile et d'étoupe enveloppé soudain,
Silencieusement glisse sur la chaussée
Où partout de la paille avait été placée.

Rien ne vint entraver ce plan audacieux :
Sans encombre on franchit ce vallon dangereux.
Nos braves désormais, suivant leur destinée,
Devaient montrer bientôt à l'Europe étonnée
Ce que peut le génie, aidé par la valeur !

Du général Mélas quelle fut la stupeur
Quand il apprit soudain qu'un armée inconnue,
Des Alpes ou du ciel tout-à-coup descendue,
Sur ses flancs dégarnis venait le menacer.
Étonné, stupéfait, il ne sait qu'en penser !
Il doute des rapports, et qu'une armée entière,
Des Alpes franchissant la neigeuse frontière,
A l'improviste puisse entrer dans le Piémont.
Il s'agit, il le croit, d'une diversion
Pour affaiblir du Var l'armée envahissante.
Il n'en veut pas douter : la ruse est évidente
Et ne saurait tromper sa vieille habileté.
Pendant qu'il l'entretient dans sa sécurité,
Napoléon agit sans perdre une seule heure.
Par d'adroits mouvements, grâce auxquels il le leurre.
Masquant jusqu'à la fin le but qu'il s'est tracé,
Il avance, et déjà le Tessin est passé,
Que Mélas incertain voudrait douter encore.
Mais ses yeux dessilés ont vu lever l'aurore
Du jour où son malheur, trop certain désormais
Fait naître en son esprit de stériles regrets.
Dans un cercle de fer l'ennemi l'environne
Et le premier Consul, qui commande en personne
(Il en est sûr enfin et trop tard maintenant)

Ne le laissera pas franchir facilement
Le terrible réseau qui l'étreint et l'enserre.
A quoi se décider? que devenir? que faire?
Se rendre sans combat ce serait s'avilir :
Il faut donc se frayer un passage ou mourir !

    Après deux mois de lutte et d'efforts héroïques
Le vainqueur de Zurich et ses soldats stoïques
Manquant de tout, mourant de fatigue et de faim,
Dans Gènes, à l'instant, capitulaient enfin.
Usant de ce succès pour grossir son armée,
Mélas rappelle d'Ott la troupe décimée.
Dix-huit mille soldats braves, bien aguerris,
Marchent donc vers Plaisance où rendez-vous est pris.
Plaisance était la clef et le prix du passage
Que l'armée ennemie attend de son courage.
Mais à Montebello que trouvent-ils soudain?
Lannes et l'avant-garde occupant le chemin.
Plus nombreux, ils se croient certains de la victoire;
Mais Lannes, dans ce jour, en se couvrant de gloire,
Fit voir à l'ennemi que, difficilement,
Il ouvrira la brèche en ce rempart vivant.

    Cependant admirez comme dans sa sagesse
Dieu, parfois, aux mortels rappelant leur faiblesse,
Leur montre le néant des plans les mieux conçus,
Au triomphe desquels ils se confient le plus.
A travers les périls menant son entreprise,
Voyez, notre héros que le ciel favorise,
Semble toucher au but : il attend l'ennemi,

Qui, démoralisé, paraît à sa merci.
Ce dernier, qui n'a plus d'autres partis à prendre,
Aux champs de Marengo, sans doute, va se rendre.
Mais depuis quelques jours personne ne l'a vu :
On bat la plaine en vain : qu'est-il donc devenu ?
Il ne peut hésiter, car chaque heure qui passe,
Complète notre armée et grandit son audace.
Il s'est enfui, sans doute, et, du nord au midi,
On le cherche en tous lieux. Desaix court vers Novi,
Et le premier Consul, fatigué d'une attente,
Dont s'accomode mal sa fougue impatiente,
Vole vers Voghera ; mais en route un torrent,
Dont le cours débordé l'arrête heureusement,
Décide, à son insu, du sort de la journée,
Par ses combinaisons avec art amenée :
Car, dans Alexandrie, alors se concentrait
L'invisible ennemi que partout il cherchait.

Le lendemain au jour il envahit la plaine :
Quinze mille Français qui l'occupaient à peine,
Contre ses bataillons luttant avec fureur,
Longtemps suppléent au nombre, à force de valeur.
Mélas qui, dans ce jour, combat pour un passage,
Son unique salut, ranime le courage
Des s'ens qui chancelaient, les lance de nouveau :
Le carnage est affreux autour de Marengo.
Les nôtres écrasés par une artillerie
(Eux n'en possèdent point) nombreuse et bien fournie,
Voient leurs rangs décimés et ne s'ébranlent pas.
Débordés à la fin, ils cèdent pas à pas.

Mais ils vont succomber, et leur heure est sonnée,.
Quand le premier Consul à qui la destinée,
Réservait en ce jour un triomphe éclatant,
Averti par Victor, arrive en bénissant
Le ciel qui, l'empêchant de poursuivre sa route,
Des siens lui permettait d'arrêter la déroute.
De quelques bataillons à peine il est suivi :
La garde consulaire accourait avec lui.
C'est trop peu pour pouvoir ressaisir l'avantage :
Mais tous, voyant leur chef, redoublent de courage.
Le combat recommence avec acharnement,
Et les Autrichiens reculent un moment.
D'un effort surhumain résultat éphémère !
Mélas désespéré, pour rétablir l'affaire,
Lance de Marengo de nombreux bataillons
Appuyés par le feu de quatre-vingts canons.
On ne peut plus tenir : il faut céder la place.
Lannes en reculant, ô prodige d'audace !
Chargeant ceux qui voulaient le serrer de trop près,
Leur faisait chèrement acheter leur succès.
Par les ordres du chef un mouvement s'opère :
L'armée en frémissant se concentre en arrière.
La route de Plaisance est libre maintenant
Et Mélas, qui se croit vainqueur en ce moment,
Y pousse ses soldats, et bientôt se retire
Pour prendre du repos : partout il fait écrire
Qu'il est victorieux, et lance ses courriers,
Au moment où le sort lui ravit les lauriers
Dont il croyait déjà pouvoir ceindre sa tête !.

Dès le matin, au bruit du canon qui l'arrête,
Desaix fait aussitôt reconnaître Novi;
Mais on n'y trouve rien : là n'est pas l'ennemi.
Jugeant que son retour devenait néce...
L'infortuné Desaix, ce héros tutélaire, ·
Qui devait en ce jour sauver en même temps
La France et son ami, paraît en ces instants.
Cet utile renfort raffermit notre armée :
D'une nouvelle ardeur noblement animée,
Elle demande alors à marcher en avant.
Consulté, Desaix croit qu'il faut de cet élan
Profiter sans retard. « La bataille est perdue,
« Dit-il, mais bien avant que l...
« Nous pouvons la gagner! ... ...wis,
Napoléon ordonne et l'ennemi, s...
Attaqué tout-à-coup avec une furie
Dont rien n'avait encore égalé l'énergie,
Épouvanté, recule, et cherche vainement
A ralentir le cours du terrible torrent;
Car, bientôt débordé, partout il prend la fuite:
Et les nôtres, alors, ardents à la poursuite,
Poussant avec vigueur ses derniers bataillons,
Lui prennent des chevaux, des hommes, des canons.
Le désastre est immense et, dans Alexandrie,
Mélas rentre pleurer sa vieillesse flétrie.
Oh ! comment, en ce jour, peindre le camp français ?
Où chacun jouissait de ce brillant succès,
Qu'il dut à sa valeur, à sa persévérance !
Il eut été complet pour eux et pour la France,
Sans la mort de Desaix, de ce jeune héros,

Que l'avenir vouait aux destins les plus beaux !
Il tombe au premier choc, atteint dans la mêlée.
« A mes soldats, dit-il, que ma mort soit célée ! »
Ce fut le dernier cri du héros expirant.
Oh ! du plus noble cœur soin suprême et touchant !
Les siens l'ont vu tomber et, redoublant de rage,
Ils font à l'ennemi payer cet avantage.
Desaix, faut-il vraiment pleurer ton triste sort ?
Bien jeune tu payas ton tribu à la mort ;
Mais alors tu tombais environné de gloire :
Ton souvenir, sans tache est gravé dans l'histoire.
Ah ! ne regrette pas les pompes, les honneurs,
D'un avenir doré le faste et les splendeurs,
Pierres d'achoppement des plus belles natures.
Tu meurs en triomphant, le cœur et les mains pures :
Combien ont mérité qu'on en pût dire autant ?

Le baron de Mélas, désormais impuissant
A briser ses liens, demande un armistice,
Et le premier Consul, qui veut rendre justice
Au vieillard courageux que le sort a trahi,
Consentit aussitôt à traiter avec lui.
L'Italie en ce jour se trouva délivrée
Et les Autrichiens quittèrent la contrée.
Il organise alors, sans perdre un seul instant,
Le pays qui lui doit son affranchissement.
Puis il fait ses adieux à sa troupe fidèle,
Et vole vers Paris où son devoir l'appelle
Dirai-je les élans de joie et de bonheur
Dont Paris entoura notre héros vainqueur ?

Partout régnait alors une ivresse indicible,
Qui toucha vivement son âme si sensible,
Et dont le souvenir le suivit au tombeau !
Sur le champ de bataille il avait de nouveau
Fait demander la paix à l'Autriche vaincue;
De sa faiblesse, enfin, celle-ci convaincue,
Sans doute allait bientôt consentir cette paix,
Qui de tous comblerait les plus ardents souhaits !
La France de bien-être et de gloire entourée,
Se sentait en ce jour grande et régénérée !

CHANT SIXIÈME.

AUSTERLITZ.

Ce fut à ce moment que de vils assassins,
Qui tramaient dans Paris d'exécrables desseins,
Conçurent le projet de ravir l'existence
A celui qu'admirait, que chérissait la France.
C'est à de tels moyens, si justement flétris,
Que s'abaissait alors la fureur des partis.
Des partis? Non, ce mot ne rend pas ma pensée,
Car, à force d'horreur devenant insensée,
Une telle entreprise, œuvre de gens sans cœur,
D'intrigants, étrangers aux sentiments d'honneur,
Ne peut (la vérité seule nourrit l'histoire)
Des partis sérieux atteindre la mémoire.
Si les républicains en dépassant le but
Du pays, dans le sang cherchèrent le salut,
Et si la royauté, par une terreur blanche,
Sur ses persécuteurs prit sa triste revanche,

Faut-il les accuser de l'horrible attentat
Qui vint couvrir Paris de son sinistre éclat ?
Oh ! non, assurément, et si l'on se demande
Comment qualifier l'abominable bande
Qui complota la mort du héros glorieux :
Assassins ! C'est le nom qui leur convient le mieux !
Échappé par miracle à l'horrible machine
(Eh ! qui ne verrait là l'assistance divine ?),
Napoléon, hélas ! fut forcé de punir ;
Mais la répression, on doit en convenir,
Par le fait de Fouché ne fut point équitable,
Et ne distingua pas l'innocent du coupable.

Semblable au voyageur qui, par la foudre atteint,
S'arrête quelque temps, immobile, incertain,
Et dans le trouble affreux qui l'étreint et l'oppresse,
Écoute beaucoup mieux la voix de la sagesse
Que lorsqu'il déclarait, bravant les éléments,
Qu'à le faire trembler ils étaient impuissants !
Ainsi l'Autrichien, par un coup de tonnerre,
Au champ de Marengo jeté soudain à terre,
De la raison d'abord n'écoutant que la voix,
Avait parlé de paix pour la seconde fois.
Mais quelques jours après tout a changé de face :
C'est que l'or des Anglais leur rendait leur audace,
A ces Autrichiens qui ne rougissaient pas
De verser, pour de l'or, leur sang dans les combats.
Il faut les vaincre encor. Par un calcul habile,
Napoléon jugea sa présence inutile
Pour compléter son œuvre, et ce fut à Moreau

Qu'il confia le soin d'achever Marengo.
Moreau, pour l'ennemi, champion redoutable,
Moreau dont les talents, la tactique admirable
Ont sauvé si souvent nos soldats malheureux,
Aux champs d'Hohenlinden, à jamais glorieux,
Battit son adversaire, et sur sa capitale,
Poussa sans hésiter sa marche triomphale.
Brune, pendant ce temps, aux champs Italiens
Remportait des succès sur les Autrichiens.
Vaincus de tous côtés, ces tristes mercenaires,
Redemandent la paix qu'ils refusaient naguères.
Bientôt à Lunéville un traité fut conclu.
Le calme au continent est de nouveau rendu ,
Et l'Anglais, en dépit de sa haine insensée,
Voit son or sans pouvoir sur l'Europe apaisée.
Il dut, un an plus tard, signer aussi la paix
Dont le monde un instant ressentit les bienfaits.
Pendant ce temps, trop court, hélas! pour la patrie,
Le glorieux Consul, au gré de son envie,
Put enfin librement, par d'immortels travaux,
Utiliser pour nous les heures du repos.
Vous devez les connaître, et l'infidèle histoire
Qui, pour vous, du héros, osa voiler la gloire,
N'a pas daigné, je sais, vous dérober ces faits
Dont le souvenir vit dans le cœur des Français.

Ce fut alors aussi qu'il jugea politique
De rétablir chez nous le culte catholique.
Le Pape consentit ce fameux concordat
Qui règle les devoirs du prêtre envers l'État.

Lui qui chérissait tant l'ordre et la discipline,
A l'Église romaine à dominer encline,
Crut devoir rendre un peu du pouvoir d'autrefois,
Bien qu'elle en eût souvent abusé sous les rois.
Il pensait que la loi, par elle consentie,
Serait par ses prélats avec bonheur suivie,
Que leur religion, libre de s'exercer,
N'aurait qu'un but, celui de nous moraliser ;
Qu'ils seraient de la foi des soutiens pleins de zèle ;
Mais qu'ils ne voudraient point embrasser la querelle
Des partis, dont le but est le renversement
Du pouvoir qui reçut leur solennel serment !
S'est-il ou non trompé ? Que l'histoire réponde.

La paix ne devait pas longtemps régir le monde,
Et l'Anglais, le premier, déchira le traité
Que, le dernier de tous, il avait accepté.
On se demande encor la cause pour laquelle
Il voulut raviver cette longue querelle.
Certes, douze ans après, un succès éclatant
Vint couronner enfin son triste entêtement.
Mais qu'il coula de sang, afin de satisfaire
Tes vœux ambitieux, ô perfide Angleterre !
Et puis, considérez les mesquins résultats
Que, pour elle, ont produit ces luttes, ces combats.
Quelques comptoirs de plus, postes sans importance,
Sur lesquels bien à tort se base sa puissance.
Ah ! quand donc saurez-vous, Anglais imprévoyants,
De l'histoire écouter les grands enseignements.
Sans parler d'Alexandre aux conquêtes stériles,

Contemplez les Romains, qui, longtemps plus habiles,
Surent, restant chez eux, devenir grands et forts.
Plus tard, ils ont voulu conquérir au dehors.
Qu'en est-il résulté ? la chute de l'Empire.
Je n'ai ni le pouvoir, ni le don de prédire :
Mais je puis proclamer avec quelque raison
Que les Anglais devraient méditer la leçon.

Quoi qu'il en soit, soudain se ralluma la guerre.
Napoléon comprit qu'il était nécessaire
D'en finir cette fois avec un ennemi
Qu'une haine insensée animait contre lui.
La lutte devenait un duel implacable :
Le motif en pouvait paraître inconcevable,
Mais les faits démontraient une animosité
Qui s'approcha parfois de la férocité.
Il fallait triompher ou périr à la tâche,
A vaincre l'ennemi travailler sans relâche,
Et ce cœur généreux qui chérissait la paix,
Ne devait plus, hélas ! en goûter les bienfaits !

L'Anglais qui, sur les mers, est plein de confiance,
Pour garder son pays montre moins d'assurance.
Je crois qu'il a raison de trembler sur ce point :
S'il était envahi, je ne répondrais point
Que l'élan sans vigueur d'un peuple misérable
Pût repousser l'effort d'un voisin redoutable.
Puis l'Irlande opprimée et qui frémit toujours,
Certes ne voudrait pas venir à son secours.
Voilà ce qui sans cesse et le trouble et l'effraie :

Il voudrait bien cacher son incurable plaie;
C'est en vain. Le héros, certain que le succès
Doit, s'il franchit la mer, sourire à ses projets ,
Prépare en divers lieux une flottille immense
Qui, malgré les dangers, au rendez-vous s'avance.
L'Anglais voit le péril grandir à chaque instant;
A le conjurer seul il se sent impuissant.
En effet, le héros, par un calcul habile,
Rendra de ses vaisseaux le concours inutile.
Villeneuve a reçu l'ordre de réunir
Les forces que l'Espagne a promis de fournir.
Par son nombre, dès lors, devenu redoutable,
Et voguant vers la Manche, au moment favorable,
Il doit, soit qu'il succombe ou vainque les Anglais,
De l'expédition assurer le succès,
En annulant l'effort de la flotte ennemie.
Belle conception de ce vaste génie!
Mais, hélas! le héros, dont l'esprit prévoyant
Savait si bien mûrir et combiner un plan,
Que son succès était assuré par avance,
Pour les hommes souvent montra trop d'indulgence,
Et dut tous ses malheurs à sa grande bonté.
Villeneuve, il le sait, a jadis déserté
La rade d'Aboukir, où sa seule présence,
En triomphe eut changé cette défaite immense.
En vain on cherchait une explication,
Qui pût justifier cette triste action.
Si le mot lâcheté n'y fut point applicable,
La faiblesse du moins s'y montra très-palpable.
Napoléon pensa, n'écoutant que son cœur,

Que l'amiral saurait, en vengeant son honneur,
Des reproches nombreux que lui faisait la France,
Se mettre à la hauteur de tant de confiance.
Mais l'homme irrésolu ne se corrige pas :
Le désir de bien faire accroît son embarras !
Cependant le héros, attaché sur la rive,
Contemple dans le port sa flottille captive
Qui n'attend qu'un signal pour franchir le détroit.
Jugez de sa douleur, quand soudain il reçoit
Un avis par lequel il apprend avec rage
Que son triste amiral, n'ayant pas le courage
Même d'exécuter les ordres qu'il reçut,
Loin de se rapprocher, s'éloigne encor du but,
Et qu'au lieu de venir avec la flotte entière
Nous ouvrir le chemin qui mène en Angleterre,
Dans le port de Cadix il court fatalement
Arrêter à jamais notre débarquement !

Cependant l'ennemi qui sentait sa faiblesse,
Par ses obsessions, son or et son adresse,
De l'Autriche obtenait de nouveau le concours,
Et celle-ci devra payer, comme toujours,
Pour l'habile allié qui la flatte et l'abuse.
L'orgueil Autrichien vient en aide à sa ruse,
Et François, que le Russe a promis d'assister,
Sourdement contre nous se prépare à lutter.
Qui dira la raison du parti que vint prendre,
Ce nouveau champion, l'empereur Alexandre, .
Que, de son père Paul, l'horrible assassinat,
Tout récemment alors, sur le trône plaça ?

9

Son intervention que jugera l'histoire,
Selon moi ne fait point honneur à sa mémoire.
Nul ne le menaçait dans ses vastes États :
Plutôt, comme un enfant, de jouer aux soldats,
Il devait employer sa force et son courage
A reformer les mœurs de son peuple sauvage.
Mais, hélas ! la sagesse habite rarement
Le palais d'un despote, et, dans des flots de sang,
On le vit contenter le plus vain des caprices.

Bientôt Napoléon apprend les artifices
Grâce auxquels l'ennemi, qu'il pense anéantir,
Cherche à se préserver du coup qu'il voit venir.
Quel parti devra-t-il prendre en cette occurrence
Le projet de descente est bien cher à la France.
Il doit, s'il réussit, nous donner pour longtemps
Une solide paix objet de vœux ardents.
Mais la flotte au succès paraît indispensable.
D'où vient donc ce retard étrange, inexplicable ?
C'est alors qu'il apprend le départ inouï
De Villeneuve qui, fuyant vers le midi,
Déserte ainsi le poste où son devoir l'appelle.
C'était pour le héros une triste nouvelle,
Car bien qu'elle ne pût présager Trafalgar,
Elle prouvait au moins qu'un aussi long retard
Ne lui laisserait pas conquérir l'Angleterre,
Sans que l'Autrichien ne commençât la guerre.
Alors, à la même heure et dans le même instant,
Qui lui vit exprimer son mécontentement,
Surgit de son cerveau la campagne immortelle

Qui, l'entourant encor d'une gloire nouvelle,
Au zénith éleva son astre radieux.

Pendant que l'ennemi, du grand homme envieux,
Même à l'assassinat, dans sa fureur extrême,
S'abaisse à recourir, la France, elle, qui l'aime,
A l'Europe jalouse a voulu faire voir
Qu'en lui seul elle met son légitime espoir.
De Consul décennal nommé Consul à vie,
Par son vote elle vient fonder la dynastie
Que vous continuerez, j'espère, avant longtemps,
Car, Prince, les Français ne sont point inconstants,
Et d'être un peu légers à tort on les accuse.
Ceux qui l'ont prétendu, trouveront leur excuse
Dans des faits affligeants que je veux taire ici;
Mais un peuple ne peut s'apprécier ainsi.
Qu'on le laisse parler par un vote sincère,
Alors chacun saura s'il aimait votre père,
Et si son héritier n'est pas pour le pays
Le symbole vivant des droits qu'il a conquis !

Napoléon avait, sous sa main redoutable,
Un puissant instrument, une armée admirable,
Demandant un signal pour voler aux combats.
Il faut bien l'avouer, ainsi sont nos soldats.
Le repos convient mal à leurs âmes guerrières;
Leur fibre s'endurcit au milieu des misères,
Et la guerre, fléau sans cesse menaçant,
Mal, hélas ! nécessaire, est leur seul élément.
Ces soldats vont bientôt former la grande armée

Dont les exploits sauront lasser la Renommée.
Concentrés à Boulogne, ils sont, depuis quatre ans,
Façonnés à la vie, aux fatigues des camps.
Deux corps sont établis en Hanovre et Hollande.
Marmont a le second. Bernadotte commande
Au premier. L'Empereur pressentant leurs projets,
Déjà des ennemis a saisi les secrets,
Comme s'il avait pris part à leur conférence.
Quatre points sont choisis, dans un espace immense,
Pour marcher contre nous. Ils croient nous accabler.
Et d'abord, dans le nord, nous voyons s'assembler
Suédois, Russes, Anglais, dont le but est de faire
Une diversion auprès de la frontière.
Que la Prusse se tienne à la neutralité
Et nous ne devrons rien craindre de ce côté.
Napoléon, qui sait combien est inconstante
Cette cour de Berlin, que le Russe tourmente
Pour l'entraîner vers lui, lui fait adroitement
Du Hanovre espérer le cadeau séduisant.
La Prusse, à son égard, est loin d'être sincère,
Mais, en la ménageant, justement il espère
Qu'il obtiendra, du moins, de cette nation,
Du temps pour terrasser la coalition.

Nous voyons maintenant au sud de l'Italie,
Une princesse, hélas ! type de perfidie.
Caroline est son nom : sa haine contre nous,
Afin de nous porter de plus sensibles coups,
Des Russes, des Anglais réclame l'assistance.
Sur ce point l'Empereur a su prendre l'avance :

Vingt mille hommes sont là commandés par Saint-Cyr.
Les Russes, les Anglais, dès lors, peuvent venir.
Ils s'en garderont bien, et notre chef habile,
Au sud ainsi qu'au nord est tout-à-fait tranquille.
Quant à ces champs Lombards qu'il illustra jadis,
Masséna, le héros terrible aux ennemis,
Le vainqueur de Zurich, le défenseur de Gène,
Doit de l'Autrichien les préserver sans peine.
Celui-ci, cependant, est beaucoup plus nombreux.
Ce fait occupe peu nos soldats valeureux :
Ils étaient, la plupart, de la fameuse armée
A vaincre, un contre deux, longtemps accoutumée.
Napoléon sait bien qu'avec de tels soldats,
A coup sûr, Masséna ne reculera pas !

Le reste le regarde et c'est en Allemagne
Que doit se décider le sort de la campagne.
L'Autrichien, pressé de marcher en avant,
Vers Ulm, comme toujours, à la hâte se rend.
C'est là que, bien des fois, il avait fait la guerre;
Mais à présent, il lutte avec un adversaire
Que Rivoli, qu'Arcole et surtout Marengo
Auraient dû lui montrer sous un jour tout nouveau.
Cette leçon pour lui devait être inutile :
Ulm va revoir, en grand, cette manœuvre habile
Par laquelle, tombant soudain dans ses filets,
Le héros de Mélas sut briser les projets.

Les Russes n'avaient pas franchi la Gallicie,
Que, par le corps de Mack, la Bavière envahie,

Vint déchirer le voile, et rendit évident
Ce que Napoléon avait précédemment
Si justement prévu. Mack vient en avant-garde
Et de la forêt Noire il intercepte et garde
Les nombreux défilés tant de fois parcourus.
Mais ce ne sera point vers ces chemins connus
Que le grand Empereur, comme un guerrier vulgaire,
Va répondre au défi de son faible adversaire.
La moitié des soldats qu'il guide maintenant,
Aidés par leur valeur, le battraient aisément.
Le battre, c'est trop peu : complétement détruire,
Les cent mille soldats que Mack ose conduire
Si près des bords du Rhin, tel fut le beau projet,
Qu'à bonne fin bientôt avec art il menait.

Je vous l'ai déjà dit : il connaît par avance,
Ce que veut l'ennemi, ce qu'il fait, ce qu'il pense;
Sa pénétration touche au surnaturel,
Et lorsqu'il en ressent l'ascendant trop réel,
L'adversaire aime mieux croire à l'espionnage
Qu'au pouvoir du génie, admirable avantage,
Nié par l'ignorant qui pourtant le subit.

Napoléon sait donc où trouver l'ennemi;
Mais il feint d'ignorer jusqu'à la dernière heure
Ce qu'il connaît si bien : à Boulogne il demeure
Le plus longtemps possible, afin de mieux tromper
Mack qui croit le surprendre et le voit s'occuper
De la descente, hélas! trop bien abandonnée.
Cependant une marche, adroitement menée,

Conduisait nos soldats sur les bords de ce Rhin
Près duquel l'ennemi nous barre le chemin.
Il passe le fleuve et vers la forêt Noire,
Courent nos cavaliers, afin de faire croire
Au trop crédule Mack qu'on tient à la franchir.
De son habileté Mack va donc s'applaudir,
Et son camp retranché, certes, très-formidable,
De nous arrêter est par lui jugé capable.
Mais l'armée, en suivant le Rhin, allait plus haut,
Vers Spire et vers Manheim, le traverser bientôt.
Au nord du Wurtemberg en bon ordre elle avance,
Et soudain, décrivant un demi-cercle immense,
Auprès de Donauwerth au Danube aboutit.
Bernadotte et Marmont, marchant vers le midi,
Parvenus à Würtzbourg, joignaient la grande armée
Qui se trouvait ainsi complétement formée,
Elle occupe le Lech et ferme le chemin
A Mack, les yeux toujours dirigés vers le Rhin ;
Car cet infortuné, dans ce moment encore,
Nourrissant son erreur, complétement ignore
Notre marche admirable et l'art prodigieux
Par lequel le héros sut cacher à ses yeux
Le mouvement tournant qui consomme sa perte.

Pourtant, vers le Tyrol, la route encore ouverte,
Nous fait presser partout la marche de nos corps :
Le succès sur ce point couronne nos efforts ;
Et Soult à Memmingen entre sans résistance.
En ce moment, enfin, l'Autrichien commence
A sentir son erreur, et la confusion

Déjà règne dans Ulm. L'irrésolution,
Le plus grand des malheurs dans un moment semblable,
De son triste pouvoir l'envahit et l'accable.
Mack n'a plus désormais à prendre qu'un parti,
C'est de masser les siens, fondre sur l'ennemi,
Le vaincre s'il le peut, et, grâce à son courage,
Se frayer sur son corps un glorieux passage !
Mais du perplexe Mack tel n'est point le projet :
A vrai dire il ne sait plus trop bien ce qu'il fait.
L'archiduc Ferdinand, de qui l'orgueil s'irrite
D'être prisonnier, veut essayer la fuite.
En dépit de son chef, il sort pendant la nuit
Avec des escadrons qu'en silence il conduit.
Verneck, chargé par Mack d'une reconnaissance,
Contenu par Dupont à force de vaillance,
Errait à l'aventure, ignorant son destin.
L'archiduc Ferdinand le rencontre en chemin
Et l'entraîne avec lui dans sa fuite inutile.

Les soldats de Mack sont réduits à trente mille ;
Il faut capituler et, quelques jours après,
L'Empereur put jouir du plus brillant succès
Qu'eût encor préparé son étonnant génie.
En effet, les deux tiers de l'armée ennemie
Étaient entre ses mains, et ce grand résultat,
Il a su l'obtenir à peu près sans combat.

Ferdinand, je l'ai dit, avait donc pris la fuite.
Murat, par l'Empereur, est mis à sa poursuite :
L'impétueux Murat part sans perdre un instant.

De ressaisir sa proie il a fait le serment.
Pendant quatre grands jours il vole sur sa trace,
Car il ne s'agit plus de guerre, mais de chasse.
Les fugitifs, enfin, épuisés, haletants,
Veulent pourtant montrer le front aux poursuivants.
Bientôt ils sont forcés, et l'Archiduc lui-même,
A peine à s'échapper dans ce désordre extrême.

Ainsi Murat, prenant nos derniers ennemis,
A l'Empereur tenait ce qu'il avait promis.

Dès lors débarrassé de la première armée,
Que les coalisés ont contre lui formée,
Napoléon s'apprête à marcher en avant.
C'est aux Russes qu'il va s'adresser maintenant.
Grâce aux plans vicieux délibérés à Vienne,
Ils n'ont pu secourir l'armée Autrichienne,
Et ne peuvent non plus d'un moment ralentir
Nos pas victorieux : ils nous ont vu franchir
L'Isar, l'Inn, la Traun, l'Ens, sans que leur résistance
Puisse entraver des plans dans lesquels, par avance,
Avec habileté, le héros prévoyant
A su neutraliser tout fâcheux accident.

Prince, dans le récit que je cherche à vous faire,
Je me vois à regret obligé de vous taire
Bien des faits merveilleux, et de nombreux combats
Où toujours on a vu généraux et soldats
Rivaliser d'ardeur, d'énergie et d'audace.
Pourtant je veux ici consacrer une place

Au combat de Dirnstein, où cinq mille Français
Sur le Russe ont conquis le plus brillant succès.

Poussé par son ardeur Murat, à l'avant-garde,
Jusqu'à Vienne a couru; mais il n'a pas pris garde
Que, sur l'autre côté du Danube, il laissait
Un corps que sa vitesse aux dangers exposait.
C'est celui de Mortier qui, plein de confiance,
Vers Krems, avec Gazan, tranquillement s'avance.
En arrière il laissait l'autre division
Que dirigeait, sous lui, le général Dupont.
Kutusoff, qui commande à l'armée ennemie,
Trop faible pour lutter dans l'Autriche envahie,
A Krems, avait franchi, vers le même moment,
Le Danube, ayant soin de brûler sur le champ
Le pont de bois qui vient de lui livrer passage.
Il marche vers le nord, et son projet, fort sage,
Est de gagner Olmutz où se réunissait
Le grand corps qu'Alexandre en personne guidait.
Mais, le fleuve passé, les Russes, avec joie,
Soudain croient rencontrer une facile proie.
C'est la division qui, suivant son chemin,
Avec Mortier alors débouche de Dirnstein.
Ils sont à huit contre un, circonstance admirable
Pour se venger des coups dont toujours les accable
La valeur des Français. Quel est l'étonnement
Des Russes qui se voient, dans le même moment,
Attaqués tout-à-coup? Il eut été plus sage
Que Mortier des Français réprimât le courage,
Et les fit reculer; mais les chefs, les soldats,

Comme toujours, alors, marchaient, ne croyant pas
Que l'on pût arrêter leur valeur triomphante.
C'est que, depuis longtemps, la fortune constante,
Protégeant leurs efforts, les laissait convaincus
Que par nuls ennemis ils ne seraient battus.
Sous l'empire puissant de pareilles idées,
Par un chef sans rival nos cohortes guidées,
Ne devaient rencontrer que des succès constants,
Et, Prince, vous savez que les seuls éléments
Ont pu venir à bout de tant de fiers courages.
Mais chassons à présent d'aussi tristes images
Que mon récit, hélas ! trop tôt ramènera.

La lutte fut terrible et six heures dura.
Les Russes furieux, que leur nombre rassure,
Qui, de ce faible corps, ont rêvé la capture,
Avec acharnement s'obstinent contre nous :
Un feu des mieux nourris, en plein porte ses coups
Parmi leurs rangs épais, et la rare constance
Des nôtres, a vaincu leur vaine persistance.

Cependant, vers le soir, le feu des tirailleurs,
Dont Mortier sur ces flancs couronna les hauteurs,
Annonce à nos soldats que, malgré leur courage,
Qui vient de remporter un si bel avantage,
A de plus grands dangers il vont être soumis.
Ils se voient tout-à-coup entourés d'ennemis
Qui, maîtres de Dirnstein, leur ferment la retraite.
Un tel isolement assure leur défaite,
Car les Russes, au jour, fondant de tous côtés,

Dans le fleuve ils seront certainement jetés.
Un seul parti, dès lors, semble rester : se rendre.
Certes, sans déshonneur, ils pouvaient bien le prendre.
Qui les aurait blâmés ? Nul d'entre eux, cependant,
Au salut, à ce prix, ne songe un seul instant.
Vaincre ou mourir, telle est leur unique devise.
La nuit, favorisant leur sublime entreprise,
Ils tombent sur Dirustein où les Russes massés
Voient la mort, à grands coups, faucher leurs rangs pressés.
Partout s'engage alors une lutte terrible
Qui, dans l'obscurité, semble encor plus horrible.
Les Russes, les Français se prennent corps à corps ;
Ils foulent sous leurs pieds les blessés et les morts,
Et le sang à grands flots ruisselant sur la terre.
De vapeurs, autour d'eux, élève une atmosphère.
A la fin, cependant, moins vaincus que lassés,
Nos valeureux soldats, de fatigue épuisés,
Peut-être n'auraient pu traverser cet espace,
Qu'encombre l'ennemi, si puissant par sa masse,
Quand le bruit d'un combat qui s'engage soudain,
Arrive à leur oreille, et d'un secours prochain
Leur présage l'appui ; c'est Dupont qui s'avance,
Dupont qui, de son chef devinant l'imprudence,
Volait à son secours : alors, entre deux feux,
L'ennemi, cependant, encor bien plus nombreux,
Recule devant nous, et livre ce passage
Conquis par les efforts d'un suprême courage !

Cependant l'Empereur dans Vienne parvenant,
Savait s'y préparer à tout événement.

Masséna, secondant par sa rare énergie,
Les projets du héros, avait, en Italie,
Près de Caldiero, vaincu l'Autrichien.
Après un tel échec l'Archiduc comprit bien,
Apprenant nos progrès à travers l'Allemagne,
Qu'il serait insensé de tenir la campagne;
Et, puisqu'il ne pouvait repousser Masséna,
Sans perdre un seul instant sur Vienne il recula
S'il parvint en bon ordre à faire sa retraite,
Il essuya pourtant mainte et mainte défaite
Que la vivacité des Français poursuivants
Fit éprouver encore à ses soldats fuyants.
Il réussit enfin à gagner la Hongrie,
Renforçant en chemin son armée affaiblie,
Des soldats qui, par Ney, du Tyrol expulsés,
Vinrent se joindre à lui. Quelques corps dispersés
Font comme eux. L'Archiduc est encore à la tête
De cent mille soldats : avec eux il s'apprête
A marcher sur Olmultz ; mais il en est bien loin,
Et de le prévenir l'Empereur aura soin.
Car son coup-d'œil si sûr a jugé nécessaire,
Par un coup éclatant, de terminer la guerre.
Cent mille Autrichiens par l'Archiduc conduits,
Joignant les empereurs près d'Olmutz réunis,
Pouvaient, non résister à sa vaillante armée,
Qu'il a, depuis longtemps, à vaincre accoutumée,
Mais du moins empêcher un succès décisif.
C'est alors que, guidé par ce puissant motif,
Sans retard il envoie aux champs de Moravie
Une moitié des siens, laissant l'autre partie

Dans un ordre admirable, et propre à contenir
Charles, si par hazard il tentait de sortir
Pour séparer nos corps, des plaines de Hongrie,
Soit qu'il attaquât Vienne ou la Haute-Italie.

Cependant nous voici près de Brünn concentrés,
Par trois marches encor des Russes séparés.
Faut-il, poussant plus loin, aller à leur avance ?
Du héros, vous savez quelle était la prudence.
Or les corps qu'il conduit, par leur éloignement,
De ceux laissés au sud, pouvaient subitement
Se voir, par l'Archiduc, refermer le passage;
Ne pas aller plus loin par lui fut jugé sage,
D'autant mieux que la Prusse, ainsi qu'on le verra,
N'attendait, pour trahir, qu'un fâcheux résultat.
Il s'en doutait alors, et son inquiétude,
Dont l'avenir devait faire une certitude,
Lui prouva qu'il fallait, ou vaincre sans délais,
Ou conclure aussitôt une honorable paix.
Mais quelques pourparlers, sans résultats utiles,
Déterminent soudain les manœuvres habiles
Sous lesquelles bientôt va périr l'ennemi.
L'amener avec art au champ qu'il a choisi,
Et l'y vaincre si bien que, malgré sa jactance,
De poursuivre la guerre il perde l'espérance ;
Tel est le but auquel il comptait parvenir.
Par quels moyens sut-il promptement accomplir
Ses merveilleux projets. ? J'essaierai de le dire

Je ne crois pas qu'il soit facile de décrire

L'aspect qu'offrait alors le camp des empereurs.
Là, la présomption et les folles terreurs,
Par la voix des partis, s'y disputaient sans cesse.
Le premier, des Français, affirme la détresse.
Séparés de la France et, par l'éloignement,
Livrés, suppose-t-il, au découragement,
Ils ne pourront lutter qu'avec désavantage.
Ce parti, qu'avec art le héros encourage
Par l'hésitation qu'attestent tous ses pas,
Sur l'esprit d'Alexandre obtient des résultats
Qui vont utilement seconder son génie.
En vain des conseillers du Czar une partie
Soutint avec raison qu'il n'était pas prudent,
En dépit des périls, de marcher en avant.
« Croire que l'ennemi redoute une défaite,
« Qu'il a peur, qu'il hésite et songe à la retraite,
« Avec un général vainqueur dans cent combats,
« Ayant, échelonnés, deux cent mille soldats ;
« L'affirmer, disaient-ils, c'était de la démence !
« Si le Français s'arrête, il le fait par prudence,
« Parce qu'il se sent loin. Il faut l'embarrasser,
« Et, reculant encor, le forcer d'avancer.
« En suivant ce conseil, on n'avait rien à craindre :
« Bien plus il permettrait, avant peu, de rejoindre
« Le corps de l'Archiduc ; il donnerait, enfin,
« Le temps de s'assurer le concours incertain
« De Frédéric-Guillaume ». A des avis si sages,
Dont les gens sérieux sentaient les avantages,
Le Czar, rempli d'orgueil, préféra le parti
Qui devait le livrer à l'habile ennemi

Dont sa présomption méconnaissait l'adresse :
Ainsi presque toujours pense, agit la jeunesse !

Alexandre et François, près du bourg d'Austerlitz,
Avec tous leurs soldats se trouvent établis.
C'est là que les attend leur terrible adversaire
Sur le vaste terrain qu'il parcourut naguère
Pour mieux l'étudier, et qui devra bientôt,
De vingt mille soldats, devenir le tombeau ! .

Un ruisseau qui du nord vers le midi s'avance,
Coule sur notre front. Son faible cours commence
Au pied de grands côteaux couronnés de sapins,
Et qui, dans cet endroit, longent les deux chemins
Qui mènent vers Olmutz. Au sud, faute de pente,
Bientôt l'eau du ruisseau devient une eau dormante,
S'accumulant alors et formant un étang
Qui, par divers conduits, vers l'est se dirigeant,
Pour ses eaux, dans la March, trouve enfin une issue.
Cette position de vous sera connue,
Lorsque j'aurai parlé de Pratzen, du Santon,
Baptisé, dans ce jour, sous le feu du canon.
Le Santon protégeant la gauche de l'armée
Voit de dix-huit canons son éminence armée,
Et leurs feux balaieront la plaine qui s'étend
Jusqu'au bord du ruisseau ; mais insensiblement,
En allant vers le sud, cette plaine s'élève
Et, par un haut plateau, subitement s'achève.
Nous l'occupions naguère, et c'est notre abandon
Qui donne à l'ennemi cette position.

Aussi ce mouvement aux alliés fait croire
Que, bien décidément, doutant de la victoire,
Le découragement qui nous est imputé
Est devenu dès lors une réalité.
Leur audace en accroît, et leur marche agressive,
Demain va, contre nous, reprenant l'offensive,
Chercher à nous couper de Vienne le chemin.

Napoléon avait pénétré leur dessein.
Notre droite à Telnitz sur les étangs s'appuie ;
Elle recule encore et se voit affaiblie
Pour augmenter le centre ; et c'est, par ce moyen,
Que le héros espère attirer de Pratzen
L'ennemi, désireux de nous barrer la route.
Du Santon, dans le nord, la puissante redoute
A toute l'action doit servir de pivot,
Et le centre imposant, attaquant le plateau,
Des alliés, en deux, partagera l'armée.
Sa gauche, entre nos feux, se verra renfermée,
Et les étangs, au sud, lui fermant les chemins,
Elle devra bientôt tomber entre nos mains.

Mais en parlant des plans que le héros médite,
Presque sans m'en douter, la bataille est décrite,
Et, vous allez le voir, l'ennemi complaisant
Dans le piège tendu donna complètement.

De son ombre déjà la nuit couvrait la terre.
« Du sacre c'est demain le jour anniversaire, »
Se disaient nos soldats; et ce rapprochement

Venait grandir leur joie et leur contentement.
« Il faut que l'ennemi prenne part à la fête,
« Et sa destruction la rendra plus complète » !
Ainsi pensaient alors ces hommes valeureux,
Lorsque Napoléon paraît au milieu d'eux.
Soudain, pour éclairer sa marche improvisée,
La paille, en longs faisceaux, tout-à-coup embrasée,
Partout a chassé l'ombre, et nos joyeux soldats
Ont acclamé leur chef par d'immenses vivats.

Cependant il est né ce jour cher à la France,
Qui vit de ses enfants l'immortelle vaillance.
Il surgit lentement escorté de brouillards
Qui répandent partout leurs nuages blafards.
Du camp de l'Empereur on distingue avec peine
Le plateau de Pratzen. Les vallons et la plaine
Sont tout-à-fait cachés ; mais alors le soleil,
Ce soleil d'Austerlitz, à jamais sans pareil,
S'élève, et, combattant ces épaisses nuées,
Dans la lutte on les voit bientôt diminuées,
Se dissiper dans l'air. L'astre resplendissant
Éclaire désormais ce spectacle émouvant !

Les Russes, avant jour, espérant nous surprendre,
S'avancent sur Telnitz : Davout va les attendre.
Il n'aura sous la main que deux divisions
Pour soutenir l'effort des nombreux bataillons
Dont le projet était de nous barrer passage.
Il sut les arrêter à force de courage !
Il n'en fallait pas plus, car, pendant ces instants,

Lançant sur le plateau les siens impatients,
Napoléon soudain s'en est rendu le maître.
Un peu tard, l'ennemi commence à reconnaître
La faute qu'il commit : il veut la réparer,
Mais, maladroitement, au lieu de retirer
Sa gauche vers Telnitz tout-à-fait compromise,
Il va, pour appuyer sa suprême entreprise,
User de sa réserve. Il oubliait alors
Que la garde, au besoin, soutiendrait les efforts
De nos vaillants soldats: mais, dans cette journée,
Par le grand capitaine avec art combinée,
Notre garde, à regret, il faut en convenir,
Vit ses frères partout de gloire se couvrir,
Et son puissant concours demeurer inutile.
Cinquante mille à peine en ont vaincu cent mille !

Possesseurs du plateau nous descendons soudain
Du côté de Telnitz où, depuis le matin,
Notre droite luttait avec tant d'énergie.
Quelle fut la stupeur de la gauche ennemie!
En voyant arriver par des sentiers connus,
Qu'elle-même, au matin, elle avait parcourus,
Les Français qu'elle crut occupés dans la plaine.
Son incapable chef à la fin, non sans peine,
A compris le malheur dont il est menacé :
Lâchement il s'enfuit en laissant exposé
Aux coups de l'ennemi, le corps qu'il doit conduire.
Alors, dans un désordre impossible à décrire,
Les Russes éperdus, entourés de Français,
Pour fuir, vers les étangs, en vain cherchent accès.

Beaucorp ont essayé de passer sur la glace.
Mais, sous un poids si lourd, elle cède et se casse.
Deux mille tout-à-coup disparaissent dans l'eau,
Qui devient pour toujours leur glacial tombeau:
D'autres, plus courageux, tentent de se défendre,
Mais c'est en vain, et tous bientôt doivent se rendre.

Le désastre est complet, car, pendant tous ces faits,
Notre gauche, elle aussi, remportait des succès.
Là s'illustra surtout notre cavalerie
Que le Santon aidait de son artillerie.
Lannes, pour disperser les nombreux cavaliers
De l'ennemi, sur eux lance ses cuirassiers.
Ils s'ébranlent soudain et partent tous ensemble.
Sous leur poids imposant le sol gémit et tremble,
Et, comme un ouragan brise sur son chemin
Et le chêne tenace et l'énorme sapin.
Ainsi sont dispersés, par sa puissante masse,
Les ennemis, placés sur tous les points où passe
Ce corps bardé de fer. Quel triomphe éclatant !
La joie est dans les cœurs, et tous, en admirant
Celui qui leur donna cette belle victoire,
Sont bien justement fiers d'en partager la gloire!

François vint au bivac pour implorer la paix :
Le traité de Presbourg couronna nos succès.
Cependant, par Davout, comptant a sa poursuite,
Alexandre se voit regagné dans sa fuite.
C'en était fait des siens, alors qu'un sauf-conduit
Le sort de l'embarras auquel il est réduit.

C'était là du vainqueur un acte de clémence :
Nous verrons quelle en fut plus tard la récompense !

Napoléon rentra dans Paris, triomphant.
Il le méritait bien, car son astre éclatant
Brillait dans un ciel pur, et sa noble lumière
Inondait de rayons l'Europe toute entière.
Pourtant, dans ce beau ciel, un œil observateur,
Admirant à loisir une telle splendeur,
Aurait pu distinguer, dans son azur immense,
Un nuage, un point noir, qui lentement s'avance.
Par une ambition que la postérité
Saura juger avec impartialité,
Napoléon voulant dominer l'Allemagne
Comme, à peu près, jadis, avait fait Charlemagne.
Ce projet était-il possible de nos temps ?
Qu'importe ! Les Français doivent être indulgents
Pour les conceptions de ce vaste génie
Qui rêvait la grandeur de sa noble patrie.
Le malheur, c'est qu'il fut, pour l'Autriche aux abois
Trop sévère, trop dur et trop bon à la fois.
Au lieu d'anéantir cette triste puissance,
Dont l'Anglais avait fait comme une torche immense,
Pour rallumer partout la guerre et ses fureurs,
Il l'épargnait toujours et, pour prix de ·erreurs
De son gouvernement, lui prenant des provinces,
Il les distribuait aux innombrables princes
Qu'il comblait de bienfaits ; mais on l'a dit, hélas !
Obliger trop souvent c'est faire des ingrats.
L'Autriche, dépouillée, au vainqueur criait : grâce,

Mais gardait dans son cœur une haine vivace.
Et voila, selon moi, voilà comment l'Anglais,
Qui n'aurait pas tout seul arrêté nos succés,
Put du grand homme enfin terrasser la puissance.

Le vieillard s'était tû : Puis, après un silence :
« Prince, le jour bientôt va remplacer la nuit ;
« Il faut en ce moment suspendre mon récit.
« Adieu ; sans bruit je vais regagner l'humble gîte
« Qui, de vos espions, depuis longtemps m'abrite.
« Dans deux jours je viendrai, si vous le permettez,
« Achever ce récit. Mes moments sont comptés.
« Il faut que, sans retard, en France je revienne :
« Mais je dois vous revoir avant de quitter Vienne.
« Donc, au revoir, mon Prince! » A ces mots, s'inclinant,
Le vieillard du salon s'éloigna lentement

CHANT SEPTIÈME.

IÉNA.

Le Prince, en ce moment, comme sortant d'un rêve,
En vain à ses pensers cherche à demander trêve.
Car son esprit, frappé du récit de Gérard,
Croit l'entendre et le voir bien après son départ.
De ces faits merveilleux son âme est poursuivie
Et son corps doit subir une longue insomnie.
Le lendemain un bruit, tout-à-coup répandu,
Augmente encor le trouble en son cœur éperdu :
Paris vient de chasser les Bourbons de la France :
Et, cet évènement doublant son espérance,
Et donnant plus de force à son illusion,
Accroît, en même temps, cette agitation
Qui, de son frêle corps, fatiguant la machine,
Le laisse sans repos, le consume et le mine.

Gérard devait venir dans la prochaine nuit !
Le Prince se disait qu'il connaîtrait par lui,

Sous leur aspect réel, ces faits dont la portée
Grandissait, à chaque heure, en son âme agitée.
Mais Gérard ne vint pas, et le prince inquiet,
Au bout de quelques jours, crut qu'il l'abandonnait.
Ce malheureux enfant, victime déplorable
D'un destin rigoureux qui, de ses coups, l'accable,
Hélas ! toujours trahi, toujours se défiant,
N'ose plus se livrer au moindre épanchement.
Il avait à Gérard montré toute son âme:
Si ce vieillard était un espion infâme,
Envoyé pour sonder les replis de son cœur ?
Ah ! d'un doute pareil comprenez-vous l'horreur !

Un jour, à ce moment, une femme inconnue,
Comme il rentrait chez lui, vint s'offrir à sa vue.
« Prince, dit l'étrangère, alors, en s'approchant,
« Veuillez être assez bon pour m'entendre un instant.
« Êtes-vous un Français chérissant sa patrie?
« Prêt à lui dévouer son bonheur et sa vie ?
« Ou l'éducation que l'on vous fait subir,
« Est-elle parvenue au point de pervertir
« Les nobles sentiments, la pure et vive flamme
« Qui, du fils du héros, embrasaient la belle âme ?
« La France, en ce moment, met en vous son espoir.
« Dites un mot, mon Prince, un seul mot, et, ce soir,
« Vous quitterez ces lieux, cette prison immense
« Qui vit si tristement s'écouler votre enfance.
« Tout est prêt par mes soins; consultez votre cœur.
« Dites : oui ; dans huit jours vous serez Empereur ! »
Elle se tut alors et sur son beau visage
Étincelaient les feux d'un mâle et fier courage.

En entendant ces mots le Prince est tout ému.
Eh quoi ! serait-il donc aussi proche du but
De cette liberté sans cesse poursuivie,
Ce rêve décevant qui consume sa vie,
Deviendrait tout-à-coup une réalité ?
A ce premier moment, dans son cœur agité,
Le trône et les splendeurs dont parlait l'étrangère,
Tout-à-fait oubliés, demeuraient en arrière.
La liberté, la France étaient son seul désir.
Dans une heure, un instant, il allait s'accomplir,
Car il n'en doutait point, sa périlleuse fuite
Devait se couronner par une réussite
Qui semblait évidente et brillait devant lui
Soudain l'illusion disparaît et s'enfuit.
Le soupçon, mal cruel qui domine son âme,
De ces beaux sentiments vient éteindre la flamme,
Et la froideur succède à l'exaltation.
Si celle qui lui parle, et dont l'émotion
Semble anoblir encor la si noble figure,
Sous des dehors trompeurs cachant son imposture,
N'était rien qu'un agent du ministre odieux
Dont il est la victime, et qui, pour pouvoir mieux
Sonder par son regard jusqu'à sa conscience,
Y faisait naître ainsi l'illusoire espérance
D'un meilleur avenir ? O noble infortune !
A quels tourments affreux es-tu donc condamné ?
L'espoir, suprême appui de l'homme sur la terre,
Doux rayon de soleil qui luit sur sa misère;
Flambeau qui, bien souvent, conduit ses faibles pas,
Qui lui fait supporter le plus affreux trépas,

L'espoir ne doit-il point te rester en partage ?
Et te refuse-t-on l'idéal apanage
Qui pourrait soulager ton destin douloureux ?
Hélas ! tel est le sort du Prince malheureux !
Du moins dans son cachot le prisonnier espère
Que du soleil un jour il verra la lumière.
Le Prince, dont le sort est à jamais tracé,
D'un analogue espoir ne peut être bercé ;
Et quand l'occasion tout-à-fait imprévue
De recouvrer enfin la liberté perdue
A lui semble s'offrir, il doit, se défiant,
Repousser par prudence un aussi doux présent.
Au lieu des beaux instincts d'une âme généreuse,
Comprimés par la main d'une cour ombrageuse,
Où florissait alors la vile trahison,
D'un poids lourd et fatal la circonspection
Pèse sur sa jeunesse ; et c'est la défiance
Qui, dans son cœur, hélas ! remplace l'espérance !
« Madame, répondit le Prince, froidement,
« De mon sort, tel qu'il est, je me trouve content,
« Et je n'ai de régner, croyez-le, nulle envie.
« Je ne veux rien de plus qu'une paisible vie :
« Ici je la rencontre et je suis satisfait ! »
« — Eh quoi ! serait-il vrai ! Quoi ! pas même un regret !
« Qu'est-il donc devenu ce noble roi de Rome,
« Jadis heureux et fier d'être fils d'un grand homme ?
« L'auraient-ils fait périr par quelque affreux trépas,
« Car vous, qui me parlez, non, vous ne l'êtes pas !....
« Que dis-je ? Pardonnez mon audace insensée :
« Votre âme, en ce moment, est sans doute abusée

« Par quelque illusion qui va se dissiper.
« Mon Prince, auriez-vous cru que je veux vous tromper?
« Rassurez-vous alors, soyez sûr que la France
« Place en vous désormais sa plus chère espérance.
« Ah! Prince, exaucez donc nos vœux les plus ardents! »

Quelle situation! quels pénibles instants!
Le Prince, soupçonnant un habile artifice,
Fixait avidement son interlocutrice
Espérant découvrir dans ses traits, dans ses yeux,
Quelqu'indice certain d'un calcul odieux.
Mais c'était vainement, et son âme indécise
Devant elle n'avait que droiture et franchise.
Le soupçon, par malheur, hélas! le dominait,
Et son triste pouvoir à ce point l'aveuglait,
Qu'il se vit, jusqu'au bout, forcé de méconnaître
Une offre généreuse et le salut peut-être!

Mais, quelques jours plus tard, au milieu de la nuit,
Le fidèle Gerard était auprès de lui.
« Prince, lui disait-il, j'ai manqué de parole.
« Vous devez supposer qu'une cause frivole
« Ne m'a point empêché de venir près de vous.
« La révolution, en éclatant chez nous,
« A, de vos gouvernants, trouble la quiétude.
« Ils ont eu peur de vous et, dans l'incertitude
« Des projets inconnus de vos nombreux amis,
« Des obstacles nouveaux, par eux, ont été mis,
« Pour empêcher tous ceux dont l'amitié sincère
Cherche à vous délivrer d'une telle misère.

« De pouvoir réussir dans leurs nobles desseins.
« J'ai pu, jusqu'à ce jour, échapper à leurs mains :
« Cette heure m'appartient Pour celle qui s'avance
« Je ne puis vous donner une telle assurance.
« Il faut donc profiter du précieux instant
« Qui nous reste, et je vais, mon Prince, sur-le-champ,
« Vous montrer qu'à Paris et dans la France entière
« Un parti dévoue, nombreux, en vous espère. »

À ces mots le vieillard au Prince avait remis
De touchants documents où, de ses yeux ravis,
L'exilé put trouver une preuve certaine
Des efforts, que tous ceux, prenant part à sa peine,
Tentaient en sa faveur, pour lui rendre à la fois
La liberté, le trône, en un mot, tous les droits
Que la force jadis ravit à sa faiblesse.
Après quelques instants d'une muette ivresse
Le Prince, rougissant des soupçons qu'en son cœur
Bien invinciblement amena le malheur :
« Gérard ! s'écria-t-il, il faut que je vous dise
« (Mon devoir envers vous doit être la franchise
« Que, pendant quelques jours, je vous ai soupçonné.
« Vous serez indulgent pour un infortuné
« Que le malheur aigrit, que l'amertume abreuve :
« Ah ! quand donc finira ma douloureuse épreuve !

Alors le noble enfant s'approchant du vieillard,
Avec sincérité voulut lui faire part
Des ennuis assaillant son âme endolorie.
Mais lorsqu'il lui parla de la femme hardie

Qui semblait lui porter un si vif intérêt,
Qu'il fut pénible et grand, son stérile regret.
Quand Gérard en son cœur produisant la lumière,
Lui fit connaître alors le nom de l'étrangère
Dont il a méconnu le noble dévouement.
« Prince, je la savais à Vienne en ce moment,
« Ajouta le vieillard, mais je dus, par prudence,
« Avec elle ne point sembler d'intelligence.
« J'ignorais ses projets, sans cela j'eusse su
« Vous tenir au courant de ceux qu'elle conçut.... »
« — Allons! Gérard, allons, que de telles pensées
De nos cœurs, en ce jour, soient promptement chassées.
« C'est un malheur de plus à joindre à mes malheurs,
« Et mon âme se fait à de telles douleurs.
« C'est en vous désormais que gît mon espérance.
« Ah! Gérard, que je puisse au moins revoir la France!....
« Maintenant, profitez des moments précieux
« Qui vous restent encor, pour placer sous mes yeux
« La dernière moitié de l'histoire si chère
« Où je vois resplendir la gloire de mon père.
« Je sais que le malheur sur lui bientôt fondant
« Attristera pour moi ce récit étonnant :
« Mais c'est la vérité que mon âme désire.
« Si je dois assister au déclin de l'Empire,
Mon cœur en même temps, par compensation,
Espère voir tomber cette accusation
« Qui, transformant mon père en despote exécrable,
« Vient ajouter encor au chagrin qui m'accable. »
« — Prince, quand un lion intrépide et puissant,
« Voit tous les animaux le servir en rampant;

« Lorsqu'il sent qu'il soutient, à force de courage,
» Un État florissant et qui fut son ouvrage,
« Ah ! peut-il supposer qu'en perdant son pouvoir,
« Pour prix de ses efforts, un jour il devra voir
« Ceux qu'il combla de biens, verser la calomnie
» Sur le long dévouement de son illustre vie ?
» Votre père a commis des fautes : qui n'en fait ?
« Mais la France lui doit cet immense bienfait
» De l'ordre, dans l'État, et de lois immortelles
« Qui seront, à jamais, de sublimes modèles
« Pour les legislateurs des peuples à venir.....
« Mais, Prince, a mon récit je m'en vais revenir. »

Pendant que le héros battait, en Moravie,
Les soldats assemblés d'Autriche et de Russie.
La Prusse s'abritait de la neutralité
Qui servait à masquer sa sourde hostilité.
De pareils sentiments quelle était donc la cause ?
Ah ! Prince, en vérité, c'est à peine si j'ose
Vous dire ce motif de tant d'évènements
Dont vous verrez bientôt les résultats sanglants.

Il ne faut pas monter jusqu'à la belle Hélène,
Ce sujet si fameux d'une guerre inhumaine.
Pour savoir que le sort des peuples et des rois
D'un feminin caprice est l'esclave parfois.
Or, la reine de Prusse aimait peu votre père.
Pourquoi ? Je ne saurais pénétrer ce mystère.
Aux femmes, bien souvent, demandez la raison
Qui leur fait ressentir certaine aversion :

Elles vous répondront si la chose est possible.
Aux hommages du Czar la reine fut sensible,
Alors que tout-à-coup ce jeune souverain,
Pour flatter Frédéric accourut à Berlin.
Le roi, prince excellent, était plein de faiblesse.
De résister aux deux il n'eut point la sagesse.
Austerlitz, un moment, arrêta ses projets:
Mais l'Empereur bientôt pénétra leurs secrets.
Lui qui, des Prussiens, recherchait l'alliance,
D'en faire des amis il perdit l'espérance.
Ne pouvant estimer un tel gouvernement
Qui semblait desormais suivre le plus offrant,
Peut-être il laissa trop percer cette pensée.
La nation alors se tint pour offensée
Et porta Frédéric à lutter contre nous.
Quelques adroits meneurs, excitant son courroux,
Mentaient effrontément en disant que la France
Voulait des Prussiens détruire la puissance.
Ce propos n'avait pas le moindre fondement.
Mais on arrive à tout, hélas! en diffamant.
Ils le savaient trop bien ceux-là dont les menées,
Avec facilité se virent couronnées
D'un succès expié par de nombreux revers.
Ils s'appuyaient alors, dans leurs projets pervers,
Pour vaincre les Français, sur le czar Alexandre,
Et son adhésion ne se fit point attendre.

Ce prince dont jadis le héros généreux
Épargna noblement les débris malheureux,
Pour prix de ce bienfait, n'aspirait qu'à la guerre,

Et, l'Autriche cessant d'être un auxiliaire
Utile à colorer son intervention,
La Prusse lui fournit une autre occasion
De s'escrimer encor contre notre puissance.
Son obstination touchait à la démence,
Et puisait sa raison dans son orgueil froissé
De devoir son salut au vainqueur offensé.
D'un prince peu loyal, mobile misérable !
Envers l'humanité qu'il le rendit coupable !

Pendant que de la lutte il faisait les apprêts,
Au héros il feignait de demander la paix.
Sa ruse justement excita la colère
De celui qui toujours ne cherchait dans la guerre
Qu'un moyen d'obtenir à la fin le repos
Qui, de l'Europe, aurait cicatrisé les maux !
Ainsi, vous le voyez, un orgueil inflexible,
La vaine passion d'une femme irascible,
Allaient ensanglanter le monde de nouveau.
Mais il faut ajouter que toujours le pivot
De tous ces armements, à jamais déplorables,
Existait chez l'Anglais. Les haines implacables
De ceux qui dirigeaient ce peuple industrieux,
Abritaient avec art un calcul odieux.
L'Angleterre payait cette lutte insensée,
Et de ce sacrifice était récompensée
Par l'accaparement de ces pays lointains
Qui devaient seconder ses immenses desseins.
Je me demande encor, grâce à quelle industrie,
Elle put abuser la Prusse et la Russie,

Et leur persuader que, bien mieux que la paix,
La guerre servirait leurs justes intérêts.
L'Autriche, à la rigueur, se trouvant amoindrie
De ses possessions dans la Haute-Italie,
Par la guerre pouvait chercher à les ravoir,
Et, si faible qu'il fût, on conçoit cet espoir ;
Mais la Prusse n'avait nulle raison plausible
De sortir brusquement de cet état paisible
Qui servit si longtemps à sa prospérité :
Son vrai rempart était dans la neutralité ;
Et, quant à la Russie, on sait que sa puissance
N'a rien également à craindre de la France.
Comment, de ce conflit, découvrir les raisons?
Tous les fous ne sont pas aux Petites-Maisons !

Après Presbourg, la Prusse indécise, inquiète,
Sans avoir combattu faisait une conquête :
L'Empereur lui donnait le Hanovre en présent.
C'était pour ses États un agrandissement
Qui devait la flatter : elle en fut mécontente,
Et l'on vit, de ce jour, cette intrigue latente,
Dont j'ai parlé plus haut, éclater au grand jour.
Alexandre, en effet, promettait à son tour
Davantage que nous, et l'habile Angleterre,
A la Prusse soudain en déclarant la guerre,
Achevait d'entraîner son monarque indécis.
Le héros eut-il tort d'avoir quelque mépris
Pour un gouvernement dont la faiblesse insigne,
De sa noble amitié sut se montrer indigne ?
Moi, je ne le crois point. Enfin, quoi qu'il en soit,

Il put, de son côté, conserver le bon droit,
Se bornant au dédain de tant de perfidie,
Et cette nation, de délire saisie,
Vint déclarer la guerre au héros d'Austerlitz.
Des secours par le Czar étaient alors promis,
Mais ils étaient bien loin, lorsque l'impatience,
Poussant les mouvements de la Prusse en démence,
Vint presser le début de ses hostilités :
Et la Saxe envahie, en dépit des traités,
Devait rappeler Mack traversant la Bavière.
A quoi leur servaient donc les leçons de la guerre ?
Absolument à rien. Deux cent mille soldats,
Vers la Saale alors en dirigeant leurs pas,
Prétendaient, s'appuyant aux monts de Franconie,
Des nôtres, au début, arrêter l'énergie.
Comment justifier cette prétention,
Produit, non du calcul, mais de la passion?
C'était assurément un acte de folie,
Car alors, à deux pas de l'armée ennemie,
Le héros rassemblait ses soldats valeureux
Qui, dans tant de combats, toujours victorieux,
Se riaient des dangers et, certes, pouvaient croire
Qu'à nombre égal toujours ils auraient la victoire !

Les Prussiens devaient, par l'Elbe défendus,
S'y tenir, attendant que les Russes, rendus,
Vinssent aider leurs plans par un renfort utile.
L'Elbe, fleuve profond, à défendre facile,
Aurait pu quelque temps arrêter nos progrès.
Si, malgré ce rempart, remportant des succès,

Nous l'avions traversé, dans ce cas leur armée
Promptement sur l'Oder se trouvant réformée,
Nous opposait encor un obstacle puissant,
Que du Russe augmentait le concours imminent.
Un tel raisonnement, si simple et si lucide,
Des Prussiens alors ne devint point le guide,
Puisqu'ils croyaient devoir en luttant contre nous,
Pour venger leur honneur, porter les premiers coups..
C'était, on l'avouera, pure chevalerie.
Cependant, à Weimar, leur troupe réunie,
Voyait ses généraux renouvelant Olmutz,
Proposer, en tous sens, les plans les plus confus.
Quelques-uns à Wurtzbourg parlaient de nous surprendre,
Les plus prudents voulaient se borner à défendre
Les défilés nombreux qu'alors on occupait.
Pendant que, dans ses plans, l'ennemi se perdait,
Napoléon, toujours maître de sa pensée,
Voit que des Prussiens la conduite insensée
Simplifiera beaucoup l'effort de nos soldats.
Sur la Saale il va, soudain portant ses pas,
Marcher dans les chemins que, par son imprudence,
Lui livre l'ennemi, sur lui prendre l'avance,
Le séparer de l'Elbe, en dominer le cours,
Et, grâce à ce moyen, le priver du secours
Des Russes attendus : ce plan était le même
Que celui qui fit d'Ulm l'immense stratagème.
Bien que les Prussiens, trop tard se défiant,
Aient compris vers la fin ce vaste mouvement,
Le résultat en fut encor plus admirable
Que celui d'Ulm, pourtant à jamais mémorable.

Après quelques succès remportés par les siens,
Napoléon comprit le but des Prussiens.
Tout d'abord au hasard leur force aventurée,
A Weimar maintenant se trouvait concentrée,
Et leur gauche tenait les hauteurs d'Iéna :
Pas toutes, cependant, ainsi qu'on le verra.
Nous qui, de la Saale, occupons l'autre rive,
Nous pouvons désormais, par une marche vive,
Accomplir le projet que le héros conçut.
Celui-ci, sans retard, pour atteindre son but,
Poussait ses bataillons; mais ,il jugea peu sage,
Sans vaincre l'ennemi, d'avancer davantage.
Le maréchal Davout a le pont de Naumbourg.
Le corps de Bernadotte, en occupant Dornbourg,
Devait, si l'ennemi contre Davout s'avance,
Prêter à ce dernier une utile assistance.
Lannes, pendant ce temps, surprenait Iéna,
Et du Landgrafenberg ce jour il s'empara.
C'est un étroit plateau dominant la contrée.
Par de hardis soldats sa hauteur explorée.
Révéla la valeur de sa position.
Prévenu, sans retard, accourt Napoléon.
De ce poste élevé se dessine à sa vue
Du pays qui l'entoure une vaste étendue.
Il voit de tous côtés les camps des ennemis :
Il n'en peut plus douter, ils sont là réunis.
L'occasion est belle, et de suite il s'apprête
A leur faire subir demain une défaite
Qui puisse de leçon pour longtemps leur servir.
Ses ordres sont donnés, et l'on voit accourir

Les divers corps qu'il a disposés par avance.
Ce soin n'absorbe pas toute sa vigilance :
Maître d'un si beau poste il veut le protéger
Contre son adversaire ainsi mis en danger,
Car il faut à tout prix garder cet avantage.
Un abrupte chemin était le seul passage
Qui du fond du vallon conduisit au sommet.
Au transport des canons son état s'opposait.
Il fallait, sans retard, l'agrandir, le refaire.
Mais de son noir manteau la nuit couvrait la terre
Dès le jour cependant l'ennemi tentera
De nous jeter au fond du vallon d'Iéna.
On peut le supposer. Napoléon lui-même,
Communiquant à tous l'activité suprême
Qui doit désespérer à jamais ses rivaux,
Une torche à la main, dirige les travaux.
Par son ordre, en effet, redoublant d'énergie
Pendant toute la nuit, les soldats du génie
Travaillent sans relâche et, quand le jour revint,
L'artillerie avait un utile chemin.

Pendant que, pour gagner une gloire nouvelle,
Chez nous, chefs et soldats, rivalisaient de zèle,
A quoi les Prussiens passaient-ils leurs instants ?
Après s'être égarés dans de faux mouvements,
De la désunion résultat nécessaire,
Et funeste partout, mais surtout à la guerre,
Leurs chefs s'étaient, enfin, dans Erfurth assemblés :
Par nos prompts mouvements leurs esprits sont troublés.
Ils ont modifié leur allure agressive ;

Il n'est plus question d'une lutte offensive.
Leur terreur augmentant, ils commencent enfin
A redouter de Mack le funeste destin.
Brunswick, le même qui, dans les plaines de France,
Vit jadis châtier sa risible insolence,
Brunswick les commandait : par l'âge appesanti,
Il n'avait jusqu'alors su prendre aucun parti,
Laissant ses chefs de corps manœuvrer à leur guise.
Plus que tous il redoute une triste surprise,
Et, jugeant qu'il lui faut reculer sans retard,
Il donne sur-le-champ le signal du départ.
Il va sur la Saale appuyer sa retraite.
Afin que l'ennemi dans son cours n'inquiète
Le mouvement qu'il juge utile à son salut,
Il lui semble à propos, pour atteindre ce but,
De diviser en deux les forces qu'il commande.
On doit en convenir, l'imprudence était grande,
Et, pendant que son corps s'approche de Naumbourg,
Le vieux maréchal va, quand reviendra le jour,
Expier chèrement son manque d'énergie
Qui nous livra la Prusse et lui coûta la vie!

Vers le soir, cependant, Hohenlohe apprenait
Que du Landgrafenberg nous tenions le sommet.
Toujours persuadé que notre armée entière
Court en hâte vers l'Elbe, il croit n'avoir à faire
Qu'à des détachements : il les culbutera,
Se dit-il, aussitôt que le jour reviendra.
Mais, quand le jour revint, sur lui prenant l'avance,
Et luttant à tâtons dans un brouillard intense,

Le héros avait su, chassant Tauenzien,
De déployer ses corps s'assurer le moyen.
Ils courent se ranger aux postes qu'il leur trace,
Et quand de ses vapeurs le jour se débarrasse,
L'action s'engageant alors de tous côtés,
Les Prussiens bientôt sont partout culbutés.
Ils tentent vainement d'opérer leur retraite.
Murat accourt alors achever leur défaite.
Ils fuient de toutes parts dans un désordre affreux,
Et, pour courir plus vîte, ils laissent après eux,
Armes, munitions, canons, tout leur bagage !

Pendant qu'il obtenait ce brillant avantage,
Vers le soir tout-à-coup le héros apprenait
Un succès dont la gloire encore surpassait
Celle que, dans ce jour, il recueillit lui-même.
Le maréchal Davout, dont la bravoure extrême
Sut jadis conserver la droite d'Austerlitz,
En occupant Naumbourg, fermait aux ennemis
La route qui menait à l'Elbe; son armée
De trois divisions à peine était formée.
Par des rapports certains, dans la nuit il apprend
Qu'un grand corps prussien s'approche : en ce moment
Alentour d'Awerstaedt il bivouaque, et, sans doute,
Quand le jour reviendra, continuant sa route,
De l'Elbe qu'il désire il gagnera les bords.
L'arrêter, tel sera le but de nos efforts.
Son nombre est de trois fois celui de notre armée.
Mais, vous le savez bien, à vaincre accoutumée,
Celle-ci ne craint point qu'un combat inégal

Terrasse sa valeur et devienne fatal.
Davout, dont la prudence à la valeur s'allie,
A déjà décidé que l'armée ennemie
Passera sur son corps ou fuiera sous ses coups;
Et puisque Bernadotte, envieux et jaloux,
D'un collègue loyal cherche à ravir la gloire
(Ce souvenir toujours ternira sa mémoire),
Eh bien ! de son secours il saura se passer !
La nuit vers Awerstaedt il a fait avancer
Les braves qu'il commande; et, quand le jour commence,
Il trouve l'ennemi dans un bassin immense
Que traversait la route. Autour d'Hassenhausen,
Village qui nous fut un utile soutien,
Le combat aussitôt s'engage avec furie,
Et, six heures durant, par leur calme énergie,
Les nôtres arrêtaient l'effort des Prussiens.
Davout, courant partout, encourageai les siens
Et les vit, affrontant la terrible mitraille,
Décider à la fin le sort de la bataille.

A qui donner la palme en ce jour glorieux ?
Les plus brillants exploits s'y montrent si nombreux,
Que je ne puis à tous accorder une place
Les trois divisions, rivalisant d'audace,
D'une bravoure égale ont mérité le prix.
Le triomphe pourtant fut longtemps indécis,
Car, chez les Prussiens, un très-réel courage,
Que du nombre, en ce jour, augmentait l'avantage,
Dut nécessairement prolonger le combat;
Mais il n'en put changer l'important résultat.

Morand, de qui le corps le dernier entre en ligne,
Des premiers arrivés a su se rendre digne,
Et, pendant que Gudin tient dans Hassenhaussen,
Soutenu par Friant, remontant de Kosen
La rampe formidable, au sommet il arrive.
La lutte, en ce moment, devient encor plus vive.
Rangeant ses bataillons sur ce terrain uni,
Morand qui voit alors les feux de l'ennemi
Décimer ses soldats, vite en avant les lance,
Et ceux-ci, tout-à-coup, modèles de vaillance,
Poussent les Prussiens jusqu'au fond du vallon.
Brunswick estime alors que c'est l'occasion
D'employer contre nous cette cavalerie
Dont son armée était abondamment fournie.
Dix mille cavaliers, dans cet immense champ,
S'ébranlent à la fois pour écraser Morand;
Mais qui pourrait troubler ces héros intrépides?
Les chefs et les soldats songent aux Pyramides,
Et chaque bataillon, se formant en carré,
Voit venir l'ouragan d'un regard assuré.
Alors, comme au désert, leur courage tranquille
Vainquit de l'ennemi la fureur inutile.
En effet, ce dernier, craignant de voir ternir
Sa réputation qu'il cherche à maintenir,
S'obstine contre nous, et souvent recommence
A charger nos soldats : leur ferme contenance
Brise de ses efforts et la fougue et l'élan.
Il s'éloigne à la fin : profitant du moment,
Nos soldats valeureux se forment en bataille,
Courent aux ennemis, et, malgré la mitraille,

Leur font abandonner ce terrain disputé.
En même temps Friant chassait de son côté
Ceux qui d'Hassenhaussen assaillaient le village,
Et nous étions enfin, par ce double avantage,
Vainqueurs sur tous les points. Cependant l'ennemi,
Rudement éprouvé dans ce sanglant conflit,
Ayant perdu son chef tombé dans la mêlée,
Songeait à la retraite, et, la tête troublée,
Le roi, ses conseillers, plongés dans l'embarras,
Discutaient sur quel point ils porteraient leurs pas.

D'Hohenlohe ils pensaient à rejoindre l'armée;
Mais voilà que soudain la triste Renommée
Apprend qu'elle est battue et si complètement,
Que sur tous les chemins ses soldats vont courant.
Alors les Prussiens qui, malgré leur défaite,
En bon ordre pouvaient opérer leur retraite,
Ne craignant point par nous de se voir poursuivis,
Tout-à-coup pleins d'effroi, de panique saisis,
S'enfuient de toutes parts. Cette affreuse déroute.
Se propage et chacun, au hasard, prend la route
Qu'il croit propre à lui faire éviter les Français.

Ainsi, le même jour, par un double succès,
Nous avions terrassé cette armée ennemie
Dont, peu de temps avant, pleins de forfanterie,
Les chefs croyaient bientôt venir à bout de nous.
Au premier choc elle a succombé sous nos coups,
Et n'est plus que débris qui, dans leur fuite errante,
Ne purent arrêter la marche triomphante

Qui soudain nous mena dans les murs de Berlin.
Voyez, dans moins d'un an, par un coup du destin,
Nos soldats pénétraient dans ces deux capitales
Qui, s'alliant parfois, au fond toujours rivales,
Doivent se disputer, sans doute bien longtemps,
Le suprême pouvoir des pays Allemands.

Je ne tenterai point de vous faire connaître
Comment Napoléon a su se rendre maître
De tous ces corps épars qui, courant vers le Nord,
Cherchèrent vainement à fuir leur triste sort ;
Car, démoralisés, privés du nécessaire,
Ces malheureux soldats, victimes d'une guerre
Qu'entreprit sans raisons leur monarque imprudent,
Se livraient tout entiers au découragement.
Erfurt, Prenzlow, Lubeck, Magdebourg elle-même,
Tant chez eux la frayeur arrivait à l'extrême,
Les ont vu se soumettre à la nécessité
Et partager de Mack le destin redouté.

Ainsi, dans trente jours, la Prusse était conquise
Jusqu'au cours de l'Oder; son armée était prise
Dans l'immense filet que tendit le héros.
Nous goutâmes alors quelques jours de repos.
Quant à Napoléon, toujours infatigable,
Déployant les ressorts de cet art admirable,
Grâce auquel il savait, par d'efficaces soins,
De ses vaillants soldats prévenir les besoins,
Il eut bientôt comblé les brèches meurtrières
Qui sont le résultat des plus heureuses guerres.

Gouvernant à Berlin son empire puissant,
C'est là qu'il résolut ce blocus étonnant
Que critiquent les uns, qué les autres admirent.
Si, par les résultats qui plus tard la suivirent,
Il faut ici juger la mesure qu'il prit,
Les critiques auront à coup sûr grand crédit:
Mais à ce point de vue on ne doit pas, je pense,
Juger légèrement cette mesure immense
Qui plaça l'Angleterre aux portes du trépas.
Même ses détracteurs, certes, ne nieront pas,
Qu'Albion sur les mers exerçant sa furie,
Y pratiquait alors une piraterie
A qui totalement paraissait inconnu
Le noble droit des gens, de tout temps reconnu.
A des actes pareils, insensés, implacables,
Fallait-il riposter par des actes semblables ?
C'est la nécessité qui nous y contraignit,
Et, si notre héros n'eut point été trahi
Par ceux auxquels il dut donner sa confiance,
L'Anglais eut payé cher sa sauvage démence.
Comment qualifier, en effet, autrement
Son animosité, son triste entêtement ?
Il est vrai (car, ici, Prince, je dois tout dire,)
Que si Napoléon, moins fier d'un vaste empire,
A l'Autriche eut rendu ce qu'il avait conquis,
A la Prusse donné tout ce qu'il avait pris,
Peut-être ces États, grâce à sa bienveillance,
Devenus franchement les amis de la France,
Eussent du continent assuré le repos;
Et l'Anglais du blocus supportant tous les maux,

Courbant enfin le front sous ce coup formidable,
Eut fini par signer une paix plus durable
Que celle qui jadis nous leurra quelques mois.
Mais, hélas! on eût vu, pour la première fois,
Un vainqueur, enivré des vapeurs de la gloire,
Abandonner ainsi le fruit de sa victoire!

CHANT HUITIÈME.

FRIEDLAND.

On était en novembre, et l'hiver, à grands pas,
Sans doute allait venir. Dans ces rudes climats
Nul ne peut sagement dédaigner son atteinte ;
Car la prudence n'est pas synonyme de crainte.
Mais au cours de l'Oder fallait-il se borner ?
Dans le pays conquis devait-on hiverner ?
A coup sûr ce parti pouvait paraître sage ;
Au Russe toutefois il donnait l'avantage
D'employer tout ce temps à se fortifier ;
Plus tard il aurait pu sur Dantzig s'appuyer,
Défendre la Vistule, obstacle redoutable :
Et de nous attaquer s'il se sentait capable,
Pour le cas d'un échec, dans ce fleuve il aurait
Un secours précieux, qui le préserverait
D'un désastre plus grand : notre héros sagace
Sent que, du Russe altier, pour abattre l'audace

Il doit l'accabler sous un succès éclatant,
Pareil à ceux qu'il sut remporter si souvent
Contre ses ennemis, envieux de sa gloire.
Pour l'obtenir, il faut préparer la victoire.
Et cet art difficile ou nul de l'égala,
Qui produisait naguère Austerlitz, Iéna,
Il va le déployer pour causer la ruine
De l'unique ennemi qui contre lui s'obstine.
Ses corps bien reposés sont mis en mouvement.
Vers Posen et Bromberg, l'un l'autre s'appuyant,
Ils marchent, et bientôt la Vistule est franchie.
A Thorn, Ney, par un trait d'une audace inouïe,
Du fleuve charriant des glaçons dans ses eaux,
A traversé le cours dans de simples bateaux,
Et, malgré l'ennemi, que surprend sa hardiesse,
Sa colonne, de Thorn, sait se rendre maîtresse.
Le fleuve à Varsovie était en même temps
Franchi par nos soldats. Ces succès importants,
S'ils nous garantissaient un appui tutélaire,
Par contre, évidemment, en privaient l'adversaire
Qui, surpris tout-à-coup, ne put nous résister.
Napoléon, heureux de voir exécuter
Si ponctuellement tous les ordres qu'il donne,
A Varsovie enfin arrivait en personne.

Prince, vous connaissez le peuple Polonais,
Si généreux, si brave et si cher aux Français.
La triste ambition du Germain et du Slave
Contre lui s'unissant, en a fait un esclave,
Et, partageant en trois ses malheureux débris,

Règne par la terreur sur ce noble pays.
Dans la douleur plonge, mais gardant l'espérance,
Et dirigeant toujours ses regards vers la France,
Le Polonais attend que le ciel, plus clément,
Veuille bien terminer son affreux châtiment.
Les succès du héros, en grandissant sans cesse,
Avaient rempli son cœur d'une douce allégresse,
Et les pas du géant dirigés vers le nord,
A son espoir secret donnaient un libre essor.
Le héros à Berlin reçut des émissaires,
D'un infortuné peuple interprètes sincères,
Venus pour réclamer son tout-puissant appui
Rétablir la Pologne était digne de lui,
Digne de sa grande âme, et, souvent caressée,
Cette entreprise alors occupait sa pensée.
D'abord, il le savait, cet acte généreux
Eut du cœur des Français comblé les plus chers vœux ;
Puis (car un souverain doit penser à l'utile :
Ce devoir à remplir est souvent difficile,
Entravé qu'il se voit par tant d'entraînements)
Ce royaume établi sur de bons fondements,
Du malheur ayant fait la triste expérience,
A la France lié par la reconnaissance,
Au moment du danger fut devenu plus tard,
Contre le Nord hostile un solide rempart.
Mais, malgré ses succès, malgré la confiance
Qu'inspiraient au héros sa force et sa puissance,
Il sentait les dangers d'un projet séduisant,
D'un acte de justice après tout. Cependant
Il avait résolu de braver la Russie,

Pour rendre aux Polonais, enfin, une patrie,
Dévoilant à leurs chefs ses nobles sentiments :
« Levez-vous, disait-il, pour chasser vos tyrans.
« Secondez mes efforts par un zèle énergique,
« Et soyez les vengeurs de la chose publique !
« Lorsque je vous verrai, pleins d'une sainte ardeur,
« Pour rendre à ce pays et la vie et l'honneur,
    Travailler sans relâche, alors, je vous le jure.
« Dans mes mains, à mon tour, je prendrai votre injure
« Et vous protégerai contre vos ennemis. »
Avec joie et bonheur ces projets accueillis,
De tous les Polonais ont fait tressaillir l'âme,
Et leur premier élan, comme une ardente flamme,
Déjà s'étend au loin ; mais, hélas ! dans leurs rangs,
A leur tête, on voyait ce qu'on nomme des grands.
Ce sont eux qui, jadis, dans leur orgueil immense,
S'arrachant les lambeaux de la toute-puissance,
Ont perdu le pays par leurs dissentions.
Et qui, tristes jouets de vaines passions, .
Servant, sans s'en douter, d'avides adversaires,
Pour leurs concitoyens préparaient les misères
Qu'alors ils supportaient, qu'ils supportent encor !
Pologne, verras-tu jamais changer ton sort ?
Peuple crucifié que le Russe implacable
Sous un joug si pesant, hélas ! opprime, accable ;
De la rédemption verras-tu le beau jour ?
Dieu seul le sait : ce Dieu de clémence et d'amour
Voudra-t-il à jamais prolonger ton supplice ?
Ah ! puisse-t-il bientôt, d'un coup de sa justice,
Anéantir les fers, forgés par des tyrans.

Que ne sauraient toucher les cris si déchirants
D'un peuple malheureux. Tant qu'on verra des princes
Entre eux se partager des Etats, des provinces,
Aussi peu soucieux du sort des habitants
Que des vils animaux qui paissent dans les champs,
Il ne faut point compter que le juste et l'honnête
D'un souverain, hélas ! viennent hanter la tête.

Ces nobles Polonais, de grands biens possesseurs,
Égoïstes, toujours avides des honneurs,
Et plongés dans le sein d'une molle indolence,
Pour leur tranquillité redoutaient par avance
D'un courageux effort les dangers, les soucis.
Ils étaient, par malheur, puissants dans le pays,
Grâce à ces préjugés que la nature humaine,
Si vains qu'ils soient, jamais ne chasse qu'avec peine.
D'un peuple généreux ils continrent l'ardeur,
Et le héros, surpris d'une telle froideur,
Crut que des Polonais la race abâtardie
Supportait son malheur avec philosophie.
Malgré le dévouement de quelques-uns d'entre eux,
Qui grossirent nos rangs, dont les bras valeureux
Soutinrent jusqu'au bout la cause de la France,
Napoléon trompé, ne vit qu'indifférence
Chez ceux qui, de leurs chefs, beaucoup trop respectés,
Suivaient aveuglément les pâles volontés.
Ah ! si, mieux inspiré de ce peuple lui-même,
Il avait consulté, dans ce moment suprême,
Les désirs, les besoins ; si, parlant à son cœur,
Lui rappelant ces mots de liberté, d'honneur,

Qui, jadis, à sa voix réveillaient l'Italie,
Il se fût écrié : « Sauve donc ta patrie !
« Marche et je t'aiderai ! » Croyez-le bien, alors,
Tous, en rivalisant de courage et d'efforts,
Se seraient soulevés d'un élan unanime.
Mais, hélas ! votre père était alors victime
De cette illusion, cause de ses malheurs,
Qui lui faisait partout voir des agitateurs,
Comme ceux dont jadis il délivra la France ;
Né du peuple, du peuple il avait défiance,
Et, bien que son seul but fût de le rendre heureux,
Il tenait pour suspects ses plaintes et ses vœux.
Exagérant son rôle, il se croyait un père
Qui, pour le bien des siens, sait se montrer sévère
Et refuse parfois à ses tendres enfants
Des objets, but trompeur de désirs imprudents !

Cependant l'ennemi, nous laissant la Vistule
Jusqu'au bord de l'Ukra, de la Narew, recule,
Et, dans l'angle formé par leurs cours divergéants,
Protégé par leurs eaux, par des retranchements,
Espère, en attendant qu'il prenne l'offensive,
Pouvoir avec succès garder la défensive.
Napoléon qui sait dans quel état affreux
Se trouvent les chemins de ce pays fangeux,
Lorsque le vent du sud, sur la terre amollie,
Amène à chaque instant de longs torrents de pluie,
Ne veut point maintenant plus loin porter ses pas :
Dans la Pologne il va cantonner ses soldats :
Et son activité toujours infatigable.

A ses bravés saura rendre au moins supportable
Un séjour aussi triste, aussi loin du pays.
Mais, toutefois, avant que ce repos promis
Vienne enfin alléger nos fatigues immenses,
Ah ! combien devions-nous supporter de souffrances !
Et combien d'entre nous dans l'éternel repos,
Devaient-ils brusquement voir terminer leurs maux !

Napoléon d'abord comprend avec sagesse
Que de trop près le Russe à cette heure nous presse,
Pour pouvoir espérer, sans être inquiété,
Goûter pendant l'hiver quelque tranquillité.
Il faut donc repousser le voisin incommode,
Et, se ressouvenant de l'habile méthode
Qui réussit toujours dans ses puissantes mains,
Il s'en sert de nouveau pour remplir ses desseins.
Les débris Prussiens, au bord de la Baltique,
Se tenaient, reliés, mais par un point unique,
Aux Russes sur l'Ukra fortement établis.
Les séparer, chasser les Russes du pays,
Tel était de ses plans le but et la portée,
Et, dans le même jour, sur trois points remportée,
La victoire sourit à nos vaillants efforts.
Son but étant rempli, le héros put, dès lors,
Donner à ses soldats un repos nécessaire,
On le comprend, au cours d'une lointaine guerre.

Par malheur nous avions compté sans Benningsen :
Ce général avait découvert le moyen
De changer la défaite en brillante victoire :

Il se disait vainqueur, on paraissait le croire ;
Un pompeux *Te Deum* établissait ses droits :
On voit que le mensonge est utile parfois.
De Lannes, à Pultusk, l'indomptable courage
A vaincu Benningsèn, et le désavantage
D'un nombre inférieur de plus de la moitié,
Ne l'a point empêché d'arracher, pied à pied,
Le solide plateau qu'occupait l'adversaire ;
Et ce dernier dut fuir en laissant eu arrière
Presque tous ses canons et des prisonniers.
C'est pour ce bel exploit que, cueillant des lauriers,
Le vaincu Benningsen en couronne sa tête,
Cherchant par l'impudence à masquer sa défaite.
Ce système éhonté réussit près du Czar
Qui, pour récompenser le vainqueur, sans retard,
Lui remet le pouvoir sur toute son armée.
Pour grandir promptement sa jeune renommée,
Benningsen, qui commence à se croire un héros,
Ne veut pas nous laisser un moment de repos.
En dépit de l'hiver, dont la rigueur commence,
De frapper un grand coup il conçoit l'espérance,
Et cent mille soldats, sous sa main réunis,
Présagent le succès à ses yeux éblouis.

Son plan rempli d'audace était assez habile ;
Mais l'exécution n'en semblait pas facile,
Et devait l'exposer aux périls les plus grands.
La Vistule appuyait tous nos cantonnements ;
De ce fleuve à Dantzig possédant le passage,
Benningsen, aussitôt, veut de cet avantage

Se servir pour tourner notre position,
Et, profitant ainsi de notre inaction,
Vers Posen du retour nous enlever la route,
Et nous vaincre. Ce plan était fort beau, sans doute :
Mais comment pouvait-il, l'imprudent général,
Lui, dont le nombre au nôtre était à peine égal,
Même en nous abusant, espérer nous détruire ?
L'extrême vanité rapproche du délire,
Et l'homme qu'elle peut dominer à ce point
De toute sa raison, certes, ne jouit point !

Se cachant à nos yeux par un détour immense,
Benningsen lentement vers la Vistule avance.
Un mois après Pultusk, de Ney les fourrageurs,
Qui, pour vivre, bravant l'hiver et ses rigueurs,
Parcouraient en tous sens la campagne blanchie,
Se trouvent vis-à-vis de l'armée ennemie.
Ney prévient Bernadotte et, près de Morhungen,
Ce dernier rassemblant les siens, de Benningsen
Repousse l'avant-garde ; et déjà cette affaire
A suspendu les plans du terrible adversaire
Qui voulait nous surprendre et nous anéantir.
Il s'arrête à Liebstadt, s'y borne à réunir
Les corps de son armée et tient la défensive :
Mais ce vaste projet, manœuvre décisive
Qui devait terminer la guerre en un seul jour,
Il n'en reparle plus. Le héros, à son tour,
Semblable au fier lion, calme dans son repaire,
Qui voit un imprudent exciter sa colère,
En venant insulter à sa tranquillité,

Le héros veut punir de sa témérité,
Cet ennemi qui croit tromper sa vigilance.
Ses ordres sont donnés et chaque corps s'avance
De façon que bientôt, s'il n'est pas prévenu,
Benningsen tombera dans le piége tendu.
Tout réussit d'abord : Bernadotte recule,
Remontant lentement le cours de la Vistule
Et l'ennemi trompé, le suivant pas à pas,
Sera tourné bientôt, et n'échappera pas !
Mais que sont les projets de la sagesse humaine,
Qu'un souffle anéantit, qu'un simple fil enchaîne ?
Un jeune aide-de-camp, de dépêches porteur,
Est surpris. Benningsen apprend avec terreur
Les plans qui vont sous peu consommer sa ruine.
Il pourra fuir : la joie en son âme domine
Et, sans perdre un instant, il décampe aussitôt.
Napoléon, surpris, est informé bientôt
Du fait qui lui ravit une proie assurée :
Contente, on le comprend, de se voir délivrée.
Elle allait, racontant l'incident fort heureux
Qui la sortit soudain d'un pas si dangereux.

Mais le héros s'est dit qu'un Russe téméraire
Qui, malgré la saison, le contraint à la guerre,
En troublant le repos de ces vaillants soldats,
Ne l'aura point en vain attiré sur ses pas.
Il lui reste un espoir : le gagner de vitesse,
Et, pendant quatre jours, sur une neige épaisse
Poursuivants, poursuivis s'avancent vers Eylau,
Qui va, d'un quart d'entre eux, devenir le tombeau !

Après divers combats où le Russe tenace
Espère vainement ralentir notre audace,
Nous occupons Eylau vivement disputé.
Le combat pour demain sera-t-il accepté?
Nous l'espérons. Pourtant, nul ne le sait encore,
Et nous devons attendre au lever de l'aurore.

Quelle aurore ! grands Dieux ! quel sombre et triste jour,
Pour nos yeux désolés, amène son retour !
Quelques pâles lueurs, incertaines, funèbres,
A peine remplaçant les épaisses ténèbres
Qui nous environnaient : puis un ciel mat et gris
Qui secouait parfois sur nos membres transis
D'énormes tourbillons d'une neige glacée ;
La terre sur tous points par la neige effacée ;
Des lacs solidifiés nous restant inconnus,
Avec les champs, les prés demeurant confondus,
Et servant à grandir ce théâtre sauvage,
Ce théâtre fameux d'un horrible carnage !
Tel était le tableau qui s'offrait à nos yeux.
Mais il occupait peu ces hommes valeureux
Qui, voyant à la fin s'arrêter l'adversaire,
Espéraient, en ce jour, terminer cette guerre,
Ou, pour l'hiver au moins, conquérir le repos.

Lorsque le jour parut, sans retard, le héros,
Avec son coup-d'œil sûr, disposa son armée.
Les fatigues, le froid, l'avaient bien décimée ;
Mais ceux qui se trouvaient dans ses rangs éclaircis,
Aux plus rudes travaux dès longtemps endurcis,

Du succès, en ce jour, étaient pour lui le gage.
Les Russes, cependant, du nombre ont l'avantage
Sur le champ de bataille, et sachez toutefois
Que nos corps réunis dépassent de trois fois
Le nombre des soldats que Benningsen amène :
Inévitable effet d'une guerre lointaine
Qui dans nos forces met tant d'éparpillement.
Certes, Napoléon put voir, en ce moment,
Que, pour celui qui veut combattre avec prudence,
Le plus grand ennemi c'est encor la distance.
Trop heureux si, toujours consultant la raison,
Il n'eût pas oublié cette belle leçon,
Que le ciel, en ce jour, offrait à sa sagesse.
Hélas ! tel est le sort de l'humaine faiblesse :
Presque toujours l'excès de la prospérité
Nous conduit au malheur d'un pas précipité !

Cependant l'ennemi, sur ce champ uniforme,
Paraît à nos regards; sa masse épaisse forme,
Dans l'immobilité, comme un rempart vivant.
Cinq cents bouches à feu sur son front détonnant,
En protègent la ligne et font trembler la terre,
Et leurs sourds roulements imitent le tonnerre.
Moins nombreux, nos canons, beaucoup mieux dirigés,
Causent un mal affreux dans les rangs ravagés
Des Russes qui, vraiment modèles de constance,
Sans en être ébranlés, se serrent en silence.
Protégés par les murs d'Eylau, de Rothenen,
Qui, vers la droite, était notre important soutien ;
Disposés avec art par notre chef habile,

Qui des Russes rendit le feu presque inutile,
Les nôtres souffraient peu du terrible ouragan.
Calme, Napoléon attendait le moment
Où le corps de Davout, dont il sait l'énergie,
Tombant par Serpallen sur la gauche ennemie,
Répandit dans ses rangs quelque confusion,
Permettant d'attaquer son redoutable front;
Redoutable, en effet, grâce à cette mitraille
Qui, seule, balança le sort de la bataille !

Enfin Davout arrive et, sans perdre un instant,
Ses trois divisions sur le Russe marchant,
Ont rempli du héros le but et l'espérance.
Il faut que, maintenant, sur cette ligne immense,
Il dirige les siens; s'il ne se hâte pas,
Le Russe écrasera Davout et ses soldats.

Augereau, par son ordre, avance dans la plaine.
Une épaisse fumée obscurcit l'air : à peine
S'il peut se diriger. Hélas ! dans ce moment,
Un tourbillon de neige, en tous sens l'entourant,
Lui cache son chemin. A tâtons il avance;
Il s'égare, et bientôt il se trouve en présence
De cent bouches à feu qui vomissent la mort.
Ces braves mutilés, ces victimes du sort,
Qui se montrait ainsi plus fort que leur courage,
Reculent lentement sous cet affreux orage ;
La moitié de leur corps sur la neige étendu,
Prouve que le succès d'eux n'a pas dépendu !

Ce triomphe, du Russe a ranimé l'audace.
Il menace, à son tour, de franchir cet espace
Où venaient de tomber les soldats d'Augereau,
Pour forcer notre centre et nous ravir Eylau.
Son triomphe devait être bien éphémère !
Celui que nul, jamais, n'égala dans la guerre,
Calme dans le danger, l'esprit toujours présent,
Froidement contemplait ce péril imminent.
Il mande auprès de lui ce soldat énergique
Dont l'intrépidité, la bravoure héroïque
Formaient tout le talent : « Eh bien ! dit-il, Murat,
« Nous laisseras-tu donc manger par ces gens-là ? »
Et Murat, rassemblant cette cavalerie,
Dont les Russes jadis ont senti l'énergie,
Dans la plaine soudain la dirige au grand trot.
Il donne le signal : elle prend le galop,
S'élance sur le Russe et sa masse pressée,
Volant ainsi sans bruit sur la neige glacée,
De fantômes semblait un formidable essaim.
Elle avance toujours et le but est atteint.
En vain, croisant le fer, immobile, impassible,
Le Russe se roidit contre un choc si terrible ;
Ses rangs sont entr'ouverts sous cet énorme éffort,
Et le torrent humain partout porte la mort.
Ah ! quel carnage affreux ! Quelle horrible mêlée !
De sang et de débris la terre est maculée,
Et ce sang généreux, qui sort en bouillonnant,
A changé la couleur de son blanc vêtement !
Les Russes sont vaincus, car leur droite, tournée
Par Davout, assurait le gain de la journée.

La nuit, l'épuisement ne nous permirent pas
D'achever leur ruine, en courant sur leurs pas.

Lorsque le jour revint éclairer cette scène,
Théâtre désolé de la fureur humaine,
On put juger enfin notre immense succès ;
Mais, hélas ! Dans nos rangs qu'il jetait de regrets !
Dix mille d'entre nous étendus sur la terre,
Morts ou blessés, devaient, d'une pareille guerre,
Montrer toute l'horreur. Trente mille ennemis,
Des braves comme nous, morts, ou blessés, ou pris,
Voilà le résultat d'une lutte insensée,
Par le czar Alexandre à tort recommencée,
Et qu'il continuait, à coup sûr, sans motif.

Si le succès d'Eylau, pourtant bien décisif,
Eut amené la paix, certes, très-désirable,
On eut moins contesté de ce jour mémorable
La réelle valeur ; mais toujours ici-bas
Un fait n'est estimé que par ses résultats.
Diriger avec art une grande bataille,
Savoir garder les siens d'une affreuse mitraille,
Et faire à l'ennemi trois fois autant de mal
Qu'on en reçut de lui ; pour résultat final,
Bien que le moins nombreux, remporter la victoire,
Tout cela, ce n'est rien, s'il vous convient de croire
Ceux qui, les pieds bien chauds, au fond d'un cabinet,
D'un acte, quel qu'il soit, ne jugent que l'effet.
Moi, j'invoque à mon tour l'histoire impartiale ;
Elle racontera cette lutte inégale,

Cet héroïque effort, et, des vainqueurs d'Eylau,
Ornera de lauriers le glorieux tombeau!

Le lendemain, pressant Benningsen dans sa fuite,
Jusque sous Kœnigsberg nous courons à sa suite.
De morts et de mourants les chemins encombrés,
Et de tous les côtés ses soldats égarés,
Mourant de faim, marqués du sceau de la souffrance,
Nous prouvaient la grandeur de ce désastre immense
Que nos bras avaient fait subir à l'ennemi.
Napoléon, certain d'être enfin à l'abri
D'agressions qu'au Russe interdit sa faiblesse,
De suspendre la lutte eut alors la sagesse :
Et nos soldats, rentrés dans leurs cantonnements,
Très-bien pourvus de tout, par les soins prévoyants
Du chef qui sut toujours veiller à leur bien-être,
Attendaient, sans ennui, le beau temps à renaître.

Je vous ai déjà dit que, pour Napoléon,
Lorsqu'il prend du repos, c'est un repos fécond.
Logé dans un taudis, ce héros invincible,
Au sein de la Pologne, aussi calme et paisible
Qu'au milieu de Paris que son œil surveillait,
Gouvernait son empire, et sans cesse livrait
De nombreux aliments à sa pensée active.
L'imagination, si puissante et si vive,
Qui semblait bouillonner dans son vaste cerveau,
A chaque heure courant vers un sujet nouveau,
Embrassait dans son vol l'Europe tout entière,
Jetant presque toujours des torrents de lumière

Sur ce qu'elle effleurait dans son magique essor.
Ah ! quand j'y réfléchis, je me demande encor
Si de ce corps chétif l'enveloppe mortelle,
Ne cachait pas un Dieu qui s'agitait en elle !

Pendant que nos soldats, avec tant d'à-propos,
Grâce aux soins de leur chef, jouissaient du repos,
Celui-ci de Dantzig fait commencer le siége,
Que sa nombreuse armée et sou'ent et protége.
Ce sont des corps tous frais, par Lefébre conduits,
Qui, malgré les remparts, les canons ennemis,
Enlevèrent enfin cette ville importante,
Après cinquante jours d'un lutte sanglante.
Beaucoup de blé, de vins, pour nous de vrais trésors,
Devinrent, en ce jour, le fruit de nos efforts.

Cependant le soleil, ranimant la nature,
A chassé les frimats, ramené la verdure.
Que de moissons, hélas ! l'espoir du laboureur,
Périront, subissant la guerre et sa fureur.
C'est le moindre des maux qu'après elle elle entraîne,
Car les produits affreux d'une moisson humaine,
Engraissant les guérets de funèbres débris,
Accroîtront la vigueur de leurs prochains épis !
Tout est prêt dans nos rangs pour prendre l'offensive,
Et, par quelque action hardie et décisive,
Obliger Benningsen enfin à convenir
Qu'il est vaincu par nous, qu'il est temps d'en finir.
Remplaçant par la paix une guerre inutile,
Vaincre ce général n'était pas difficile,

Puisque nous possédions le nombre et la valeur;
Mais lui faire avouer qu'il n'était pas vainqueur,
C'était assurément une entreprise ardue,
Et cette vérité par vous sera connue,
Lorsque vous apprendrez que ce menteur hardi,
Qui, de la vérité paraissait faire fi,
De la lutte d'Eylau s'attribuant la gloire,
Prétendit qu'il avait remporté la victoire.
L'empereur Alexandre a cru son général
Qui, de Napoléon, pense être le rival,
Et, pour justifier cette fanfaronnade,
D'un esprit peu sensé ridicule bravade,
Devançant nos projets, il vient nous assaillir.
Mais l'intrépide Ney sait si bien l'accueillir,
Qu'une seconde fois ce grand foudre de guerre,
Après ce premier pas, déjà jette en arrière
Des regards indécis; puis nos forces, bientôt,
Se rapprochant de Ney qui leur sert de pivot,
Du fougueux Benningsen décident la retraite.
A marcher en avant notre armée était prête.
Nous suivons l'ennemi qui veut, de Kœnigsberg,
Nous fermer le chemin. Retranché près d'Heilsberg,
Il espère arrêter notre marche offensive.
Heilsberg devient témoin d'une action très-vive·
Où Soult et Murat, seuls, par trop audacieux,
Attaquent l'ennemi qui, trois fois plus nombreux,
Du terrain possédait en outre l'avantage.
A force de valeur, d'adresse et de courage,
Ce combat téméraire, imprudent, inégal,
Devint avantageux bien loin d'être fatal.

Benningsen, en effet, perdant sa confiance,
A, de nous arrêter, delaissé l'espérance,
Et maintenant il craint de se voir devancé.
Sur la droite de l'Alle il a soudain passé,
Et, descendant son cours, il garde en sa détresse
Un fugitif espoir : nous gagner de vitesse
Et couvrir Kœnigsberg. On voit facilement,
Par cela, que le Russe eut été plus prudent
Si, s'étant dépouillé d'une vaine jactance,
Il eut à la Prégel limité sa défense.
A la hâte il cherchait à rejoindre aujourd'hui,
Ce fleuve dont il eut dû se faire un appui.
De l'Alle descendant la droite qu'il côtoie,
Il court, mais c'est en vain, le héros tient sa proie.
Et, sur la rive gauche, en la suivant des yeux,
Par des chemins directs et plus avantageux,
Il pourra vers le but parvenir avant elle ;
Ou, commettant enfin une faute mortelle,
Pour abréger sa route en bravant le danger,
Quittant l'Alle qui sut pourtant le protéger,
Benningsen, tout-à-coup, verra sa renommée
Succomber sous les coups de la puissante armée,
Qui marche à sa rencontre, et qu'un héros conduit.
Déjà Napoléon fixe dans son esprit
Le théâtre prochain de la belle victoire
Qui va prendre son rang dans cette grande histoire,
Et, vous allez le voir, il ne se trompait pas.

Benningsen vers Friedland précipitant ses pas,
De l'Alle dans la nuit atteignait l'autre rive ;

Avec Lannes, au jour, une lutte très-vive
S'engage, et ce dernier sur lui voit accourir
Les Russes que, tout seul, il cherche à contenir.

Le terrain, occupé par l'armée ennemie,
Sur lequel de son chef l'amenait la folie,
Était de trois côtés circonscrit et borné
Par l'Alle, dont le cours bizarre et contourné,
Se repliant sur lui, formait un coude immense.
Des bois et des hauteurs de facile défense,
De cette plaine étaient l'unique débouché.
Pendant toute la nuit Benningsen a marché :
Il arrive, et soudain, en voyant la faiblesse,
Du corps qui, de lutter, a pourtant la hardiesse
Il veut, en l'écrasant, se frayer un chemin
Et gagner Kœnigsberg. Mais, hélas! le destin
Ne lui permettra pas d'atteindre cette ville :
Lannes, vous le savez, aussi brave qu'habile,
En voyant arriver les Russes, a compris
Qu'il faut, sur ce terrain, les tenir à tout prix.
Utilisant des lieux jusqu'au moindre avantage
De ses braves doublant l'impétueux courage,
(Ils ont de leurs efforts très-bien saisi le but),
L'illustre maréchal, pendant neuf heures, put
Soutenir tout le poids d'une lutte inégale,
Qui devait devenir aux Russes si fatale.

En effet, pleins d'ardeur, nos agiles soldats,
Au fracas du canon partout doublaient le pas.
Ils arrivent enfin, impatients de gloire ;

Mais notre chef, qui sait dominer la victoire,
Retient de leur ardeur les élans imprudents.
Il a de l'ennemi suivi les mouvements,
Et puisque, dans ce jour, le ciel enfin assure
A ses combinaisons une victoire sûre,
Il veut, sur lui, frapper un coup retentissant,
Rappelant d'Austerlitz le succès éclatant !

Les Russes, entassés dans un étroit espace,
Braves, mais n'ayant pas cette intrépide audace
Qui semble des Français l'apanage exclusif,
Et qui, seule, peut-être, au moment décisif,
Aurait pu les sortir de ce péril immense,
Devaient, quelle que fût leur solide vaillance,
Succomber dans ce jour, pour eux un jour fatal,
Car notre nombre au leur était au moins égal.
Du terrain nous avions en outre l'avantage,
Qui, du triomphe, était un infaillible gage.
Mais il faut aujourd'hui qu'un immense succès
Force enfin Alexandre à demander la paix.

Presqu'au fond du circuit formé par la rivière,
Un peu vers notre droite, et tout-à-fait derrière
Les rangs de l'ennemi, devant nous entassé,
On pouvait voir Friedland où le Russe a passé.
Là se trouvaient trois ponts : au cas d'une défaite,
Benningsen doit par eux assurer sa retraite.
C'est là ce qu'à tout prix le héros prévoyant
Veut empêcher. Vers Ney soudain se retournant :
« Maréchal, lui dit-il, vous voyez cette armée ;

« Je veux sur ce terrain qu'elle soit enfermée;
« Ces trois ponts sont pour elle un moyen de salut.
« Il faut les conquérir; allez! tel est le but
« Qui doit uniquement occuper votre audace ;
« Marchez droit devant vous, sans que ce qui se passe,
« Sur tous les autres points, vous occupe un instant. »
En entendant ces mots, ce maréchal bouillant,
Le plus audacieux d'une intrépide armée,
D'une nouvelle ardeur sent son âme animée,
Et, tout fier de remplir ce rôle périlleux,
L'éclat de sa valeur resplendit dans ses yeux !

Au signal convenu, dans l'arène il s'élance,
Et des siens réchauffant l'héroïque vaillance,
Il les pousse au travers des bataillons épais
Qui tentent vainement d'arrêter ses progrès.
La lutte en avançant est de plus en plus vive.
Des canons ennemis, placés sur l'autre rive,
Foudroyaient nos soldats, indécis un instant,
Et les Russes, alors, profitant du moment,
Les ont fait assaillir par leur cavalerie.
Mais Sénarmont arrive avec l'artillerie :
Des ennemis, il a bientôt éteint les feux,
Et Dupont, ébranlant ses soldats valeureux,
Vient augmenter l'éclat d'une brillante vie
Qu'un jour néfaste, hélas ! a, depuis lors, flétrie !
Soudain du Russe il a chassé les escadrons.
Friedland tombe en nos mains, ainsi que les trois ponts.
L'ennemi furieux veut, une fois encore,
Lutter. De la cité, que la flamme dévore,

Il cherche à nous chasser, mais son effort est vain ;
Nous y tenons : dès lors son désastre est certain.
Napoléon, qui voit sa droite triomphante,
Laisse enfin avancer sa gauche impatiente.
L'ennemi, que partout environne la mort,
En vain, pour l'arrêter, tente un dernier effort.
Entre nos feux et l'Alle il faut qu'il se décide.
Plus d'un Russe, épargné par la balle homicide,
A trouvé dans les eaux la mort qu'il redoutait !
Jamais nous n'avions eu triomphe plus complet,
Et nos soldats ainsi, pleins d'ardeur et de zèle,
Fêtaient de Marengo la journée immortelle :
Car, le quatorze juin, par un coup du destin,
Devait, les foudroyant, par deux fois mettre fin
Aux coalitions luttant contre la France !

Alexandre comprend qu'en perdant l'espérance
De nous vaincre, il lui faut accéder à la paix.
En la faisant, des siens il comble les souhaits,
Car ses braves soldats, que le malheur accable,
Doués d'une valeur réelle, incontestable,
Demandent la raison de ce conflit sanglant.
Quelle leçon pour vous, ô monarque imprudent !

La vérité pourtant enfin frappe sa vue :
Il a fait au héros demander l'entrevue
Qui devait, de Tilsitt, illustrer l'obscur nom.
Napoléon bientôt subjugue la raison
Du Czar enthousiaste et le convainc sans peine.
Il n'existait entre eux nulle cause de haine,

Et leurs vastes États, l'un de l'autre éloignés,
A lutter sans profit se voyaient condamnés ;
Mais, unis, au contraire, ils gouvernaient le monde !
Soudain, comme sortant d'une source féconde,
Le héros, aux regards d'Alexandre ébloui,
Fit briller un projet gigantesque, inouï,
Qui, venant de tout autre, eut passé pour un rêve.
Ah ! si Napoléon, alors, eût donné trêve
A cette ambition qui lui rongeait le cœur,
Il assurait, peut-être, à jamais son bonheur !
Par nous qu'il soit absous de cette erreur immense;
Car, s'il cherchait toujours à grandir sa puissance,
Je vous l'ai dit, son but, cause de tous ses maux,
Était que les Français n'eussent pas de rivaux.
S'il fut de leurs malheurs la cause involontaire
(Ce n'est pas lui pourtant qui déclarait la guerre),
Il leur apprit du moins leur force et leur valeur.
Ah ! sans doute, qu'un jour, son digne successeur,
Vous, si le Ciel le veut, instruit par son histoire,
A la France voudra restituer sa gloire.
Mais, en ne cherchant pas d'États à conquérir,
Des forces du pays il saura se servir
Pour faire respecter le grand nom de la France,
Lui rendre son honneur et son indépendance,
Et briser à la fin ces traités malheureux,
D'ennemis sans pudeur, ouvrage monstrueux !

CHANT NEUVIÈME.

—

WAGRAM.

Napoléon voyait triompher son système,
Dont l'immense grandeur l'éblouissait lui-même,
Et tout le continent, dompté par ses succés,
D'un interdit sévère atteignait les Anglais,
Ce peuple industrieux, enfermé dans son île,
Encombré des produits d'un travail inutile,
Si le blocus longtemps s· prolongeait encor,
De faim devait, un jour, mourir sur son trésor.
Les maux qu'il supporta dans cette longue guerre
Qu'avec acharnement entretint l'Angleterre,
Ont au moins égalé tous ceux du continent.
D'un implacable orgueil ce fut le châtiment !

Pourtant le Portugal, rebelle à la puissance
Qui, du nord au midi, sous sa vaste influence,
Rassemblait tant d'États dévoués ou vaincus,
Aux ordres du héros opposait un refus

Qui rendait contre lui la guerre inévitable.
Cette nouvelle lutte, en rappelant la fable
Où l'on voit, à la fin, un faible moucheron
Triompher des efforts d'un terrible lion,
De l'inégalité n'avait que l'apparence.
Ce n'est point, en effet, la maison de Bragance
Que, sur les bords du Tage, attaqua le héros.
Celle-ci n'aspirait qu'à jouir du repos.
Au premier coup de feu, de panique saisie,
Montant sur ses vaisseaux et quittant sa patrie.
Elle courut chercher, au delà l'Océan,
Le calme qui fuyait son trône chancelant.
Le Portugal, dès lors, livré tout à lui-même,
Fut le sanglant champ clos, où la fureur extrême
De deux puissants rivaux que la mer sépara,
Dans toute son horreur enfin se déploya ;
Et l'on vit, à son tour, la perfide Angleterre
Sentir directement les maux de cette guerre
Dont l'Europe longtemps par elle dut souffrir,
Répandant à grands flots son sang pour la servir !

Puisque c'était l'Anglais qu'on frappait sur le Tage,
La guerre sur ce point était utile et sage,
Et, sans les tristes faits dont je vais vous parler,
Le héros promptement aurait vu reculer
L'Anglais dont la bravoure, à coup sûr remarquable,
N'était aucunement pour nous plus redoutable
Que celle des vaincus d'Iéna, d'Austerlitz :
Mais Dieu, Dieu qui voulut, à nos yeux éblouis,
Montrer Napoléon, ce brillant phénomène,

Qui paraissait plus grand que la nature humaine,
En faisant du malheur sur lui fondre les coups,
Prouva qu'il n'était rien qu'un homme comme nous !
Et, pour mieux établir cette immense faiblesse,
Étreignant le mortel dépourvu de sagesse,
Du plus faible ennemi du héros tout-puissant,
Le ciel fit de sa chute un aveugle instrument !

Je ne dépeindrai pas la lutte meurtrière
Qui, sept ans, embrasa la Péninsule entière.
Napoléon, hélas ! n'y parut qu'un moment,
Et lui seul fait l'objet de l'entretien présent.
Mais il faut, cependant, il faut que je vous dise
Les seuls, les vrais motifs de sa triste entreprise.
Je ne chercherai point à cacher son erreur :
La vérité suffit pour venger son honneur !

L'Espagne était encor fidèle à l'alliance
Qui, depuis si longtemps, l'unissait à la France.
Cependant le héros qui ne s'y trompait pas,
De sa fidélité faisait fort peu de cas,
Et cette opinion, mûrement réfléchie,
Par des faits bien connus, certes, se justifie.
Faut-il donc rappeler qu'à cette heure, en effet,
Au prince de la Paix l'Espagne obéissait?
L'indigne favori d'une reine adultère,
Laissant les Espagnols plongés dans la misère,
Un imbécile roi que la reine conduit,
Tel était le tableau qu'il avait devant lui.
Il se disait parfois : « Ah ! si j'étais le maître,

« Ce peuple malheureux, on le verrait renaître.
« Jadis il fut puissant et, j'en suis assuré,
« Si, de son triste joug, il était délivré,
« Il prendrait par mes soins une nouvelle vie.
« C'est une nation seulement endormie :
« Il faut la réveiller. » Tout l'obstacle était là.
L'Empereur, sagement, redoutait un éclat,
Et bornait aux conseils, alors, son influence.
Mais la cour de Madrid, tombant comme en démence,
D'intervenir devait fournir l'occasion
Au héros entraîné par la tentation.
Cette cour, dont je veux taire la turpitude,
Ce trône vermoulu que sa décrépitude
Exposait à crouler au moindre mouvement,
Semblaient à l'Empereur un danger imminent,
Car l'intrigant Anglais, en promettant sans cesse,
Pouvait, favorisé par autant de faiblesse,
D'une utile union lui ravir le profit.
Tels étaient les pensers qui dominaient l'esprit
Du héros, quand, soudain, il se vit à Bayonne,
Où Charle et Ferdinand accouraient en personne,
Arbitre souverain de différends honteux
Entre un père et son fils, coupables tous les deux.
Que fallait-il qu'il fît ? On répond : la sagesse
Voulait, des Espagnols respectant la faiblesse,
Qu'on les laissât chez eux vivre tranquillement.
Ah ! que ne suivit-il son premier mouvement !
Mais, par amour du bien, il tenta l'entreprise
Qui, par les Espagnols, ne fut jamais comprise.
Je ne médirai point de cette nation,

Si j'affirme qu'alors la superstition
En tous sens l'étreignait dans son filet immense,
Tissé par le malheur, tendu par l'ignorance.
Napoléon pensait éblouir ses regards
Par les nobles splendeurs des sciences, des arts ;
Il voulait, la tirant de sa fangeuse ornière,
Adoucir ses malheurs, alléger sa misère.
Hélas ! il oubliait qu'un immonde animal
Trouve dans un bourbier son plus friand régal :
Il oubliait aussi que, dans l'espèce humaine,
C'est le mal qui toujours vers le mal nous entraîne.
Lorsque Napoléon vit ainsi méconnus
Les projets généreux par son âme conçus,
Il devait, comprenant quelle fut sa méprise,
Laisser les Espagnols se conduire à leur guise.
L'Espagne, il est bien vrai, devenait aux Anglais,
Grâce à cet abandon, d'un très-facile accès.
Eh ! que nous importait? ce peuple misérable,
D'être utile aux Anglais tout-à-fait incapable,
Aurait été pour eux une charge de plus,
Et ne pouvait ôter de sa force au blocus.
Là fut la grande erreur de votre illustre père,
Qu'il expia depuis par sept ans de misère,
Et la mort seule a vu la fin de ses tourments.
Qu'on ne prétende pas que d'autres sentiments,
Moins nobles et moins purs, aient guidé sa conduite :
Les maux qu'elle devait entraîner à sa suite,
Ont servi de prétexte aux malveillants propos
Des nombreux ennemis du généreux héros.
Mais nul esprit sensé jamais n'y voudra croire,

Et c'est au temps, qui sait purifier l'histoire
Des vains emportements de l'esprit de parti,
C'est au temps, au temps seul que j'en appelle ici.
Il saura terrasser la calomnie ignoble :
D'un esprit imprudent, mais toujours grand et noble,
Il fera ressortir les fautes, les erreurs,
Soit, mais en confondant d'obscurs diffamateurs
Lesquels brûlent de voir sa mémoire flétrie
Par de honteux soupçons répandus sur sa vie !

Quant à ces Espagnols que l'on porte si haut,
Pour leur rendre justice, en ce moment, il faut
Se demander combien, dans cette longue guerre,
Ils surent déployer contre leur adversaire,
De réelle valeur ? Vaincus dans les combats,
Il furent, il est vrai, d'assez bon guérillas :
Mais c'est l'assassinat, la vile arme des lâches,
Qui, sur eux, a jeté d'indélébiles taches.
L'assassinat jamais ne peut être excusé !
Lorsque le Prussien jadis fut repoussé,
Grâce aux républicains, du sol de la patrie,
Par les coalisés en tous sens envahie,
Ce ne fut point le fer d'odieux assassins
Qui sut faire passer la victoire en nos mains ;
Mais tous les cœurs, brûlants d'un pur patriotisme,
Déployaient à l'envi l'ardeur et l'héroïsme
Qui surent promptement délivrer le pays.
Les blessés Prussiens devenaient nos amis,
Et, quant aux prisonniers, aux soldats sans défense,
Loin d'exercer sur eux une triste vengeance,

L'Europe sait quel fut toujours leur traitement.
Espagnols, Espagnols en fîtes-vous autant ?   .

Depuis quatre ans, l'Autriche, en paix avec la France,
Semblait ne supporter qu'avec impatience
Le repos qui pourtant est le plus grand des biens.
Se rattachant toujours par d'occultes liens
Avec nos ennemis, avec cette Angleterre,
Qui sentait s'échapper sa ressource dernière
Dans les champs Espagnols, l'Autriche, de nouveau,
Va nous faire la guerre, et vous verrez bientôt
Que de sang fut versé dans cette affreuse lutte !

L'Anglais qui, justement, se vit jadis en butte
Aux reproches nombreux de tous ses alliés.
Qui s'étaient si souvent pour lui sacrifiés,
Sans qu'il fût jusqu'alors descendu dans l'arène,
Comprit que, s'il voulait voir triompher sa haine,
Il lui fallait enfin fournir quelques soldats,
Car, malgré son pouvoir, l'or ne suffisait pas.
Telle fut la raison qui lui fit, en Espagne.
Engager contre nous cette longue campagne
Que le héros allait terminer promptement.
Lorsqu'il se vit soudain arrêté brusquement.
De nouveau l'aigle dut abandonner sa proie.
Pendant quelques instants son âme fut en proie
A des perplexités qui ne durèrent pas;
Car bientôt, vers Paris, précipitant ses pas,
Il parut tout-à-coup dans cette grande ville,
Ou déjà se trouvait maint esprit indocile-

Qui déplorait, et non sans motifs sérieux,
Cette lutte où coulait un sang si généreux !

Mais l'Autriche soudain nous déclarait la guerre :
Chacun comprit alors que l'on devait se taire,
Et laisser l'Empereur, de cette nation,
Repousser de nouveau l'injuste agression :
Injuste, assurément, car elle était sans cause
Ou sans cause valable, et c'est la même chose.
Disons-le, cependant, l'Autriche avait un but:
Chercher à regagner ce qu'elle avait perdu,
Et restaurer enfin sa puissance amoindrie ;
La guerre ainsi s'explique et non se justifie.
Mais la guerre, après tout, c'est le droit du plus fort;
C'est le vainqueur qui met le vaincu dans son tort.
Pour l'Autriche, un traité, c'était la feuille morte
Qu'un rayon de soleil flétrit, qu'un souffle emporte !
Ne parlons pas de droit : devant la passion
Le droit s'enfuit, hélas ! suivi par la raison;
Et l'empereur François recommença la guerre,
Pour aider de nouveau l'implacable Angleterre.
Celle-ci lui faisait entrevoir, en ce jour,
D'un destin plus heureux l'agréable retour.
Dans les champs Espagnols notre vaillante armée
Était, en ce moment, par le fer décimée.
La maladie aidait aux poignards assassins
Et nos soldats voyaient s'échapper de leurs mains,
Saisis par une fièvre ardente et meurtrière,
L'arme qui pouvait seule abréger cette guerre.
De cette occasion il fallait se servir

Pour vaincre les Français, et pour reconquérir
Ce qu'on perdit jadis. Aussitôt tout scrupule
Disparaît, et François, qui s'avance ou recule,
En raison des avis contraires qu'il reçoit,
Donne enfin le signal de cette lutte, et doit
Attirer de nouveau sur son peuple qu'il aime
Les désastres qu'il craint : mais ce peuple lui-même,
Lui, si calme autrefois, désormais imprudent,
De ses vœux appelait la guerre en ce moment.
Jaloux de nos succès, de la prépondérance,
Que sur le continent ils donnaient à la France,
Les peuples Allemands, ameutés contre nous,
Sentaient, à chaque instant, augmenter leur courroux.
Qui pourrait les blâmer d'une conduite telle ?
L'amour du pays est la cause la plus belle,
Qui puisse des mortels guider les sentiments.
Le héros méconnut les nobles mouvements
Qui fesaient tressaillir l'âme de l'Allemagne.
Que ne profita-t-il de sa belle campagne
Pour vaincre, en employant la générosité,
La haine et le courroux de ce peuple irrité !

Mais la lutte s'engage avec grande énergie
Et la Bavière encor dut se voir envahie
Par les nombreux soldats que Charles conduisait.
Cet habile Archiduc que l'Autriche opposait
Au vainqueur d'Austerlitz, comme le plus capable
De battre, ou d'arrêter le héros redoutable,
Dont le nom seul était l'effroi de l'ennemi,
Conçut à ce moment un plan assez hardi.

Nos forces, que l'Espagne avait bien amoindries,
Dans la Bavière encor n'étaient pas réunies.
L'Archiduc possédait deux cent mille soldats
Rassemblés sous sa main : précipitant ses pas,
Et brusquant son attaque, il s'avance ; il espère
Cueillir quelques lauriers au début de la guerre,
Et par là, contre nous, soulever à la fois
Les peuples frémissants, et peut-être leurs rois.
Assurément c'était un calcul fort habile:
Vous allez voir comment il dut rester stérile.

Charles franchit soudain l'Inn, ainsi que l'Isar :
Mais il lui faut alors avancer au hasard,
Il n'a, dans ce moment, pu découvrir encore
Vers quels lieux l'ennemi se trouve. S'il l'ignore,
Du moins il sait déjà que Davout et son corps
Occupent Ratisbonne; il se résout, dès lors,
A l'attaquer. Pourtant il pense, par prudence,
Devoir couvrir sa marche, et, pendant qu'il avance,
Un corps nombreux, mené par son frère Louis,
Du côté d'Abensberg fait face aux ennemis
Qui pourraient, par Augsbourg, marcher à sa rencontre.
Ce qui va se passer éloquemment démontre
Qu'à la guerre, s'il faut toujours être prudent,
Quand on attaque, on doit le faire hardiment,
Et qu'on peut avec tact, dans un moment suprême,
Oublier, au besoin, la prudence elle-même.
Charles fut trop prudent, ce qui lui coûta cher.

En voyant l'ennemi, sur nous, ainsi marcher.

Napoléon accourt, et, bien que la surprise,
De l'Archiduc d'abord eût aidé l'entreprise,
Il va subitement repousser l'agresseur,
Qui s'est mis en péril, surtout par sa lenteur.

Le héros, il est vrai, comme son adversaire,
Ignore où ce dernier, parcourant la Bavière,
D'abord va se porter ; mais son coup-d'œil, si prompt,
Lui fait prendre soudain la résolution
De concentrer ses corps. A Davout il ordonne
De reculer un peu, de quitter Ratisbonne,
Et c'est vers Abensberg qu'il devra se placer.
Pendant ce temps d'Augsbourg il faisait avancer,
Au même rendez-vous, le reste de l'armée,
Qui n'était pas encor complètement formée.
Davout obéissant, rencontre, vers Tengen,
L'Archiduc en personne : il bat l'Autrichien
Qui, deux fois plus nombreux, interceptait la route ;.
L'Archiduc indécis, intimidé, redoute
De voir sur lui tomber la masse des Français:
Tel fut le résultat de ce premier succès.

Le lendemain Louis, que son frère rappelle,
Devait nous procurer une gloire nouvelle.
Lannes, sur Abensberg, courant au rendez-vous,
A gauche, à l'ennemi porte de rudes coups.
Les Bavarois, jaloux de venger leur offense,
Font preuve également de beaucoup de vaillance.
L'Autrichien s'enfuit poursuivi sur Landshut :
Nous l'en chassons bientôt: mais vers un autre but,.

Napoléon soudain dirige son armée,
Par un canon lointain tout-à-coup informée,
Que Davout a besoin de se voir secouru.
Le héros d'Awerstaedt, toujours tenace, a su,
En résistant deux jours à l'armée ennemie,
De notre chef servir l'audace et le génie.
Pendant toute la nuit les nôtres, accourant,
Viennent le seconder au décisif moment.
Eckmuhl de l'Archiduc contemple la défaite.
Le soir sur Ratisbonne il presse sa retraite
Et derrière ses murs cherche à nous résister.
C'est en vain : à l'assaut il nous voit emporter
Ces remparts protecteurs. Il fuit vers la Bohême,
Ralliant ses soldats, dont le désordre extrême
Aurait pu devenir fatal ; et c'est ainsi
Qu'en cinq jours seulement, comme au temps d'Alvinzi,
Nous avions repoussé l'agresseur redoutable
Qui, de nous arrêter désormais incapable,
Nous vit, en peu de jours, à Vienne parvenir.
Pour achever la lutte il nous fallait franchir
L'impétueux Danube, un dangereux obstacle ;
Et bientôt vous verrez comment, par quel miracle
D'adresse et de vigueur, le héros put, enfin,
Terrasser l'Archiduc et vaincre le destin.
C'est au sein du danger qu'une âme vraiment grande,
Loin d'en être abattu, le brave et lui commande.

Bien que fort maltraité par cinq jours de combats,
Charles, en recrutant sans cesse ses soldats,
Se trouvait posséder une armée importante,

Par son nombre à la nôtre au moins équivalente.
Le fleuve qu'il avait à gauche descendu,
Par lui devra donc être à tout prix défendu.
Cent vingt mille soldats placés sur l'autre rive,
A tous nos mouvements une armée attentive,
Prête à jeter dans l'eau les premiers imprudents
Qui voudraient approcher de ses retranchements;
L'impossibilité de tenter l'entreprise
Ailleurs qu'en cet endroit : dès lors pas de surprise
Propre à faciliter notre opération;
Le fleuve débordé, vingt fois rompant le pont
Qui nous procurait seul un incertain passage;
Tels furent les périls qu'à force de courage,
D'énergie et d'ardeur, nous sûmes traverser.
Et maintenant que ceux empressés d'accuser
L'intrépide Français de manquer de constance,
Veuillent bien m'expliquer dans quelle circonstance,
On fit plus grand emploi de cette qualité;
Car c'est par elle, alors, jointe à l'habileté
Dont Napoléon sut, sans cesse, faire preuve,
Que nous fûmes vainqueurs dans cette rude épreuve.
Les projets qu'il conçut, accomplis par nos mains,
Nous reportent, d'un bond, aux beaux jours des Romains !

Le Danube, en entrant dans cette plaine immense
Dont Vienne est le joyau, semble, avec complaisance,
Etaler de ses eaux le cours majestueux,
Et, contenu longtemps, on le dirait heureux
De pouvoir, à la fin, prodiguer aux campagnes
L'onde qu'il amena des neigeuses montagnes.

Des îles, des flots parsemés en tous sens,
Et divisant le fleuve en cent bras différents,
S'offraient à nos regards. Dans cette multitude
Napoléon, après une rapide étude,
Des lieux dont il devait rendre les noms fameux,
Se prépare à franchir le fleuve impétueux.
Ce fut l'île Lobeau qui séduisit sa vue :
Par sa position, par sa vaste étendue,
Cette île , assurément , était le meilleur choix
Qu'il pût faire, et cela prouve encore une fois
Que nul n'a, comme lui, mené, compris la guerre.
Ce fait à rappeler n'était point nécessaire,
Bien qu'il se soit trouvé des êtres impudents,
Niant, mais sans succès, ses immenses talents.

C'était au moment où l'eau des neiges fondues,
Descendant des sommets, par de subites crues,
Du fleuve menaçait d'élever le niveau.
Mais Napoléon veut s'emparer de Lobeau,
Car il tient, avant tout, à finir la campagne.
Il lui faut un succès pour frapper l'Allemagne,
Et les vastes soucis de son gouvernement,
Pour la première fois, le rendent imprudent.
Cette fois, par bonheur, à force d'énergie,
Le péril fut vaincu, grâce à notre industrie.

Sur un pont de bateaux, à la hâte établi,
Quelques corps ont passé dans Lobeau: l'ennemi,
Qui du héros n'a pu deviner la pensée ,
Trop faible, s'est enfui sur la rive opposée.

L'immense défilé, sur ce fragile pont,
Se continue alors ; déjà Napoléon
Réunit sous sa main vingt mille de ses braves :
Il croit, dès lors, pouvoir triompher des entraves
Qui semblaient l'enchaîner. Pourtant, de l'autre bord,
Un espace assez grand le séparait encor.
Qu'importe ! Ce n'est plus qu'un passage ordinaire,
Et le fleuve, pour nous, est devenu rivière.
En trois heures un pont, sur ce bras établi,
Nous amène soudain en face l'ennemi.
Notre rapidité l'a surpris, et sa fuite
Nous permet d'occuper, en courant à sa suite,
Aspern, Essling, des noms bien chers, bien douloureux,
Car, si pendant deux jours, nos soldats valeureux,
Illustrèrent ces lieux par leurs exploits sublimes,
Quinze mille d'entre eux devinrent les victimes
Des caprices du sort qui, malgré ses rigueurs,
Les vit de son courroux se rendre enfin vainqueurs !

Cependant l'Archiduc, dont la lente sagesse
Vient fort heureusement aider notre faiblesse,
Vingt-quatre heures plus tard, sur nous portant ses pas,
Accourt nous accabler sous cent mille soldats.
Faut-il donc reculer et perdre l'avantage
Des postes assurant notre libre passage ?
Pendant qu'il hésitait, Napoléon apprend
Que le grand pont rompu par le fleuve inconstant,
Du reste de nos corps tout-à-coup nous sépare.
Nous nous retirerons.... Mais le mal se répare ;
Déjà le fleuve baisse : eh bien ! il faut lutter !...

Ah ! qui pourra jamais dignement raconter
L'héroïsme inouï de cette résistance ?
Je dois le dire ici : dans ces deux jours, la France
A vu de ses enfants resplendir la valeur ;
Si leur sang prodigué la remplît de douleur,
Du moins chaque Français sentit alors son âme
S'embraser tout-à-coup d'une divine flamme,
Au récit étonnant d'exploits prodigieux
Qui semblent empruntés à des temps fabuleux !

Le premier jour s'éteint : la nuit enfin arrive.
Sans prendre de repos Napoléon active
La marche de ses corps qui vont bien lentement,
Sur ce pont que leur poids fait fléchir constamment.
Pourtant, quand vient l'aurore, ils sont soixante mille
En face l'ennemi, qu'il leur semble facile
De vaincre désormais, bien qu'il soit plus nombreux.
Leur intrépide chef en a jugé comme eux !
Le combat recommence avec plus de furie,
Et Lannes, déployant sa brillante énergie
Qui grandissait encor dans ce suprême jour,
A repris l'offensive : il attaque à son tour
L'ennemi qu'en désordre il pousse dans la plaine.
Il le presse et déjà la victoire est certaine.
Hélas ! à ce moment, le pont rompt de nouveau,
Et ses débris épars sont entraînés par l'eau.
De pouvoir aussitôt rétablir le passage
Il faut perdre l'espoir ; mais, grâce à leur courage,
Nos soldats sont déjà presque victorieux :
Ils remporteront seuls un succès glorieux !

Qu'ai-je vu? De leurs feux la vigueur ralentie
S'épuise, et ne vient plus de l'armée ennemie
Foudroyer les soldats. Pourquoi tous ces canons
Se taisent-ils aussi ? … Plus de munitions !
Tel est le triste bruit qui dans les rangs circule.
Lannes doit s'arrêter et bientôt il recule :
Il recule, c'est vrai, mais comme à Marengo !
Et ceux qui de trop près le serrent, voient bientôt
Que du lion il faut respecter la retraite.
Enfin Charles va donc contempler la défaite
De celui qu'il avait si longtemps redouté….
Il triomphe trop tôt, car notre fermeté,
Puisant dans le danger sa grandeur surhumaine,
Maîtrise le destin, le terrasse et l'enchaîne !
Oui, pendant tout le jour, dans ces affreux instants,
Nos soldats, l'arme au pied, serrant, serrant leurs rangs,
Que décimaient les feux de la mousqueterie,
Ceux de trois cents canons, à force d'énergie,
D'impassible valeur, surent le contenir,
Cet ennemi, qui crut pouvoir s'énorgueillir
De ce qu'il n'a pas craint d'appeler sa victoire.
Pour cette fois encor j'en appelle à l'histoire !

La nuit termine enfin, de nos vaillants soldats,
Le glorieux martyre, et ceux que le trépas
Épargna, de Lobeau peuvent regagner l'île
Qui leur sert désormais d'inviolable asile.
L'Autrichien nous voit échapper au péril,
Sans nous avoir rien pris, rien, pas même un fusil !

Mais que de sang versé, pendant ces deux journées,
D'exploits prodigieux, de luttes acharnées ;
Que de cœurs maternels atteints mortellement !
Hélas ! la France était, à ce tribut sanglant,
Depuis longtemps soumise, et les maux de la guerre,
Pour elle devenus son état ordinaire,
Endurcissaient son âme, et le sang répandu,
Sous la victoire avait sans cesse disparu.
La victoire aujourd'hui nous paraît infidèle,
Et de tous nos soldats la bravoure immortelle,
Ne fait qu'accroître encor la douleur du pays,
Contemplant, par le fer, combien lui sont ravis.
Mais c'est Lannes surtout dont la mort est pleurée.
Ce héros, dont souvent la valeur éclairée,
Obtint sur l'ennemi les plus brillants succès,
Était aimé de tous, et bien cher aux Français.
Le Destin près d'Essling frappe sa dernière heure,
Et, mourant, il a vu Napoléon qui pleure
L'ami, le compagnon de quinze ans de combats !
« Non, disait l'Empereur, tu ne périras pas.
« Et tu dois vivre encor pour ton prince et la France,
« — Ah ! que ne puis-je avoir cette douce espérance,
« Repond le Maréchal ; pour moi tout est fini,
« Et, Sire, vous perdez votre meilleur ami ! »
Hélas ! il disait vrai, car, de ses mains avides,
La mort, assouvissant ses fureurs homicides,
Frappait comme à plaisir les amis du héros,
Du trone qui résistait détachant les rameaux !
Dès lors comment ce trone, privé de son feuillage,
Abandonné tout seul aux fureurs de l'orage,

Pouvait-il vivre encore, entouré d'ennemis ?
Oh ! oui, trop justement tu pleurais, mon pays.
En apprenant la mort de ces hommes d'élite :
De leur chef bien-aimé, modérant la conduite,
Peut-être quelque jour l'auraient-ils arrêté
Sur le bord de l'abîme où le sort l'a jeté !

Dirai-je maintenant par quelle prévoyance,
D'un passage risqué réparant l'imprudence,
Après quarante jours de travaux étonnants,
Le héros sut enfin vaincre les éléments ?
Lobeau, qui conservait un corps de notre armée,
En un vaste chantier soudain est transformée.
Des bateaux sont construits, on trace des chemins,
Le fleuve est surveillé par de hardis marins.
Un pont sur pilotis à l'ancien pont s'ajoute,
Et sa solidité désormais ne redoute
Ni l'effort ennemi, ni le fleuve en courroux.
Dans l'île notre chef nous a rassemblé tous,
Et là, nous attendons l'heure de la vengeance,
Certain que l'ennemi de son outrecuidance
Sera puni bientôt : nos cœurs sont pleins d'espoir.
L'ordre tant désiré nous est transmis un soir,
Et, comme par miracle, en cinq heures à peine.
Du Marchfeld notre armée envahissait la plaine.

Quelle nuit! et comment pourrait-on l'oublier!
Pendant que nous passons et, pour nous appuyer,
Napoléon a fait tonner l'artillerie.
La ville d'Enzersdorf n'est qu'un vaste incendie

Dont les sanglants reflets, d'incertaines clartés,
Éclairent sur les ponts nos pas précipités.
Mais le ciel tout-à-coup déchaîne ses tempêtes.
De longs sillons de feu serpentent sur nos têtes.
La nature en émoi semble, par ses fureurs,
Vouloir, de nos conflits, retarder les horreurs.
Hélas! c'est vainement, et son courroux lui-même
Vient nous favoriser dans ce moment suprême.

Quand le jour reparut, un soleil radieux
(Et ce fut le dernier pour dix mille d'entre eux)
A réjoui soudain les regards de ces braves,
Heureux d'être affranchis des pénibles entraves
Qui surent si longtemps enchaîner leur ardeur.
Le résultat, dès lors, dépend de leur valeur,
Et Napoléon, fier de l'imposante armée
Que d'une mâle ardeur il voyait animée,
Dans son cœur a senti d'orgueilleux mouvements,
D'une telle grandeur fâcheux entraînements!
Ah! comment, de ce jour à jamais mémorable,
Pourrais-je retracer chaque fait remarquable?
Mais vous les connaissez : naguère, je le sais,
Dans les champs de Wagram, tous pleins de nos hauts faits,
De l'obscur paysan consultant la mémoire,
Vous vous fîtes narrer cette sanglante histoire.

L'archiduc, en dépit de sa position,
Et malgré sa bravoure, en cette occasion,
Dut céder le succès à la valeur tenace,
Qui des Français, alors, savait aider l'audace.

Je vous l'ai dit ailleurs: ceux-ci ne croyaient plus,
Avec Napoléon, pouvoir être vaincus.
La foi brise l'obstacle, abaisse la montagne!

Le grand choc de Wagram termine la campagne,
Car il est à peu près superflu de parler
Des jours qui l'ont suivi : forcé de reculer,
Charles, vers la Bohême, a dirigé sa fuite,
Et nos bouillants soldats, lancés à sa poursuite,
L'ont rejoint à Zaïm ; ils allaient en finir
Avec lui, quand soudain ils se voient retenir.

Napoléon avait accepté l'armistice :
Son seul désir était que la guerre finisse,
C'était l'unique but qu'embrassait son esprit.
Comme après Austerlitz la faute qu'il commit,
En contraignant l'Autriche à s'amoindrir encore,
Assombrit cette paix à peine à son aurore.

Pendant qu'on discutait chaque condition
Du traité, désirant faire diversion
En faveur de l'Autriche à ses desseins utile,
Et, par un coup de main qui dut rester stérile,
L'Anglais alors tenta de nous ravir Anvers.
Il ne put aboutir qu'à d'immenses revers.
Il s'enfuit et l'Autriche, en perdant l'espérance
D'un secours attendu, cessa sa résistance.

Nous avions donc la paix : de frivoles esprits,
Par ses récents lauriers, subjugués, éblouis,

Croyaient voir du héros la fortune éclatante
Grandir encor, tandis que, déjà chancelante,
Pour l'œil observateur de l'homme impartial,
Elle penchait, hélas! vers l'abîme fatal
Qui devait l'engloutir. Pouvait-on s'y méprendre?
Travaillé par l'Anglais, l'inconstant Alexandre
Se préparait alors à nous abandonner.
C'est lui, lui, cet ingrat, qui va bientôt donner
Le signal de la lutte, et toute l'Allemagne,
Frémissante, attendra le sort de la campagne,
Pour acabler nos corps, vainqueurs dans vingt combats,
Mais vaincus par le froid, et trouvant le trépas
Dans les champs désolés de l'empire sauvage
Que régit un despote et qu'étreint le servage!
L'Espagne où le héros persiste à maintenir
Son pouvoir contesté, ne devra plus servir
Qu'à priver le pays de soldats intrépides,
Succombant sous les coups de poignards homicides.
Pour compléter, enfin, de nos maux le fauteur,
L'Anglais qui, sur les mers exerce sa fureur,
Redoublant à cette heure et d'astuce et d'adresse,
Semble déjà de loin flairer notre détresse;
Et comme l'animal violant les tombeaux,
Ou comme, dans les airs, les sinistres corbeaux,
Il sent, il voit venir le moment favorable
Où, libre d'exercer sa vengeance exécrable,
Il pourra triompher, à quel prix, Dieu puissant!
De celui que sa chute a fait encor plus grand!

Pourtant Napoléon, ivre de sa puissance,

Après Wagram avait conservé l'espérance
D'une solide paix, le rêve de son cœur.
Un fils paraissait seul manquer à son bonheur.
Il n'avait plus alors qu'un désir : être père
Et pouvoir reporter, sur une tête chère,
Le profit des travaux qu'il avait accomplis.
Voilà des sentiments que la nature a mis
Dans tous les cœurs mortels : était-il donc blâmable,
Si, l'esprit occupé d'un sentiment semblable,
Il fit le nécessaire, afin de parvenir
A briser des liens entravant son désir ?
A celle qu'il quittait il a rendu justice,
Et cette noble femme, en buvant ce calice,
Dont l'amertume était si grande pour son cœur,
De celui qu'elle aimait pour faire le bonheur,
Sut alors déployer un courage admirable
Qui nous la rendit chère; et l'histoire équitable
Fera de Joséphine un modèle touchant
De l'amour le plus pur, du plus saint dévouement.
Hélas! Napoléon, en quittant cette femme,
Sacrifiait aussi les élans de son âme
A la nécessité de la raison d'État,
Au besoin d'affermir l'Empire qu'il fonda.
Or, sous ce point de vue, il eut raison, je pense.

Je ne veux, ni ne puis critiquer l'alliance
A qui vous avez dû, Prince! de voir le jour.
Votre mère, après tout, fut digne de l'amour
Qu'elle avait su soudain inspirer au grand homme,
Et Louise a donné naissance au Roi de Rome :

C'est là son plus beau titre au respect des Français.
Mais quand le héros vit, couronnant ses succès,
La fille des Césars partager sa fortune,
La défiance alors lui parut importune.
Il crut aveuglément à la sincérité
De celui par lequel il était accepté
Pour gendre et pour ami. Là fut l'erreur immense
Qui dut précipiter les malheurs de la France.

En effet, l'Empereur avait déjà pu voir
Combien, de tous côtés, jaloux de son pouvoir,
Les peuples et les rois, domptés par son génie,
Lui portaient sourdement de rancune et d'envie.
Il ne les craignait pas, mais, tout seul contre tous,
La prudence aurait pu modérer son courroux.
Par l'Autriche croyant dominer l'Allemagne,
Il entreprit soudain la fatale campagne
Où la neige et le froid triomphèrent enfin
De celui qui longtemps défia le destin!
Ah ! qu'aux rois à venir sa chute épouvantable,
Comme leçon, devienne à jamais profitable!
Qu'ils soient persuadés que les liens du sang
A grandir leur pouvoir ne servent nullement.
Un peuple est, de son roi, la réelle famille.
Qu'il donne au roi voisin, s'il lui convient, sa fille.
Le jour où le pays se croira menacé
Par ce dernier, son roi se verra bien forcé
D'étouffer dans son cœur la voix de la nature !
Il ne faudrait donc pas accuser d'imposture
Votre aïeul, mais plutôt déplorer son malheur,
Et de Napoléon plaindre à jamais l'erreur !

CHANT DIXIÈME.

MOSCOWA.

J'arrive à ce moment si funeste à la France,
Où le héros, tombant sous un désastre immense,
Après deux ans de lutte et d'efforts surhumains,
Vit son sceptre affaibli s'échapper de ses mains.
Dix-huit ans écoulés, depuis l'heure fatale,
Où son autorité, jusque là sans rivale,
Vint s'engloutir soudain.dans les glaces du nord,
Pour mon esprit frappé par ce grand coup du sort,
Comme un songe ont passé. Ma mémoire cruelle
Sans cesse me retrace une image fidèle
D'un malheur effrayant, inouï, sans pareil,
Qui me poursuit souvent jusque dans mon sommeil.
Je vois encor, je vois cette armée imposante
Qui, combattant toujours et toujours triomphante,
Pleine d'ardeur parvient sous les murs du Kremlin
Au faîte de la gloire elle touche à sa fin.

Il faut rétrograder, et l'hiver, dans sa rage
(L'ennemi ne peut seul abattre leur courage),
Frappe à coups redoublés sur ces vaillants soldats
Qui, par le froid vaincus, tombent à chaque pas !
Le Russe, harcelant leurs restes héroïques,
Les voit, dans le danger, toujours grands et stoïques,
Insouciants, braver un trépas trop certain ;
. Et, contre eux, il se doit briser jusqu'à la fin.
Mais le froid tout-à-coup redouble de furie.
Il faut ici périr, il faut quitter la vie.
Oh ! triste égalité de ces affreux moments!
Les faibles et les forts, conscrits ou vétérans,
Succombent sous les coups de ce fléau terrible.

Prince! dans ce tableau si sombre, si pénible,
Il existe pourtant un céleste rayon,
Qui doit bien justement rasséréner le front
De tout Français lisant cette effroyable histoire.
Vous le savez déjà, ce rayon, c'est la gloire !
Gloire ! pour t'obtenir que de maux sont produits!
Tes autels, trop souvent, amas d'humains débris,
En montrant à quel prix on obtient ta couronne,
Devraient, mais n'ont jamais découragé personne.
C'est que le sentiment abrité sous ton nom
Est cher au cœur de l'homme, et la froide raison
Sur lui ne put jamais obtenir l'avantage.
O gloire ! en ce moment, soutiens donc mon courage !
Pendant que je dirai ces maux dont j'eus ma part,
Fais briller à mes yeux ton céleste étendard ?

Après Wagram, après son brillant mariage,
Napoléon encor trompé par ce mirage
Que d'immenses succès jusqu'alors inconnus
Produisait sous ses yeux, hélas ! de plus en plus,
Oubliait chaque jour cette sage prudence
A laquelle, pourtant, il devait sa puissance.
J'ai déjà dit ailleurs, je dois redire ici,
Que ce qui l'excitait et l'égarait ainsi,
C'était l'acharnement que toujours l'Angleterre
Mettait à diriger l'abominable guerre
Dont nul, à ce moment, ne prévoyait la fin.
Cet obstacle irritant, contre lequel, en vain,
Il avait jusqu'alors déployé son génie,
Altérait le sang froid de sa grande âme aigrie ;
Et certes l'ennemi ne pouvait se douter
Que les sanglants succès qu'il allait remporter,
Puiseraient leur raison dans la fureur extrême,
Que l'effort odieux de sa haine elle-même
Inspirait au héros. Anglais, soyez-en fier,
Mais tentez cependant de les justifier ;
Car la postérité s'estimerait heureuse
De ne pas voir en vous, de cette lutte affreuse,
Les seuls auteurs mûs par de vaines passions.
Cinq cent mille soldats de toutes nations
Moissonnés en cinq mois d'une guerre effroyable,
Voilà le résultat : quel fut le vrai coupable ?
Et qui donc, tant de fois, avec acharnement,
Dédaigna cette paix qu'offrait un conquérant ?

Ce que j'ai dit ailleurs pour la guerre d'Espagne,

Je pourrais le redire, ici, pour la campagne
Qu'entreprit le héros de sa force enivré.
Par le czar Alexandre il s'était vu leurré,
Croyant, en lui, trouver une amitié sincère;
Mais il avait compté sans l'habile Angleterre.
Ce prince à sa parole attaché par pudeur,
Et voyant dans l'Anglais le véritable auteur
Des maux que produisait une fâcheuse lutte,
Résista quelque temps; mais il était en butte
Aux manœuvres de ceux qui souffraient du blocus,
De ceux, plus dangereux, qui, dès longtemps vendus,
Savaient circonvenir avec beaucoup d'adresse
Un prince plein d'esprit, non moins plein de faiblesse.
Napoléon alors savait pertinemment
Qu'il ne pouvait compter sur ce cœur inconstant
Car, aux temps de Wagram, allié peu fidèle,
Bien loin de prendre part à l'injuste querelle
Que l'Autriche soudain contre nous suscita,
A contempler les coups son rôle se borna.
Pendant plus de deux ans le héros, par prudence
(Et pourquoi n'y mit-il pas plus de persistance!)
Se tut, et maintes fois il voulut ramener
L'allié qui, de lui, cherchait à s'éloigner :
Il s'aperçut bientôt qu'il y perdait sa peine.
La guerre de nouveau devenait donc certaine.

Devait-il, cette fois, comme jadis, laisser
L'ennemi, contre lui, venir recommencer
La guerre qu'il cherchait? C'eut été fort habile :
Paraître avoir raison est toujours très-utile.

L'Empereur ne semblait plus alors se douter
Qu'avec l'opinion il faut toujours compter,
Et, se trompant, hélas! il jugea nécessaire
D'attaquer l'ennemi chez lui, pour mieux lui faire
Apprécier les maux que la guerre produit.
Le Czar, supposait-il, par le malheur instruit,
Saurait comprendre alors combien la paix est belle.
On finirait ainsi cette longue querelle,
En jouissant enfin d'un repos assuré,
Poursuivi si longtemps, mais jamais rencontré !

De son côté, le Czar avait compris sans peine
Qu'il rendait, attaquant, sa défaite certaine:
Car les Français, alors, toujours victorieux,
Occupant la Pologne, et trois fois plus nombreux,
Opposaient à ce plan un obstacle invincible.
Se laisser envahir pourtant était pénible,
Et, longtemps incertain, flottant dans tous les sens,
Le Czar sur le Niemen apprit nos mouvements
Sans avoir concerté le parti qu'il dût prendre.
Il en est cependant présentant Alexandre
Comme l'habile auteur d'un système profond
Qui sut, en peu de temps, perdre Napoléon.
Ceux-là sont dans l'erreur : la campagne elle-même
Prouve que l'ennemi n'avait pas de système,
Et notre nombre seul dut, en l'épouvantant,
Devenir la raison d'un désastre aussi grand.

Le Niemen est franchi : de Vilna qu'il habite
Le Czar apprend, au bal, notre attaque subite.

Que faire ? Résister serait trop insensé :
De reculer d'abord il se voit donc forcé.
Pendant qu'il opérait cette prompte retraite,
Maint de ses corps épars subit mainte défaite.
Ils parviennent pourtant à rejoindre Drissa.
Là, dans le campement qu'entoure la Dwina,
Le Czar a résolu d'arrêter notre armée.
Bientôt Napoléon, qu'instruit la Renommée,
A compris le dessein des Russes imprudents.
Il en est tout joyeux, car d'adroits mouvements
Vont les cerner bientôt, et leur armée entière,
Qui semble oublier d'Ulm la leçon salutaire,
Tombant entre ses mains, il espère aboutir
A la paix, seul objet de son plus cher désir.

Dans Vilna, cependant, il a pu voir sans peine
Les périls, les dangers d'une guerre lointaine,
Car, dès ses premiers pas, trente mille traînards
L'obligent à subir de bien fâcheux retards.
De ses vaillants soldats le nombre formidable,
Lui promet un succès complet, inévitable,
Mais à condition de frapper sur-le-champ
Un coup terrible et fort; chaque pas en avant
Voit ses rangs s'éclaircir : déjà l'indiscipline
Pénètre dans ses corps, les consume, les mine,
Et détruit, en faisant de rapides progrès,
L'organisation, instrument du succès,
Qui longtemps avait su les rendre incomparables.
Pour amoindrir ces maux, hélas! inévitables,
Napoléon a dû s'arrêter dans Vilna.

Les Russes, je l'ai dit, lorsqu'on les attaqua,
Sur la Dwina s'étaient concentrés avec peine ,
Pas tous, cependant, car notre marche soudaine
Sut isoler le corps qui, sous Bagration,
Avait, près de Grodno, pris sa position.
Forcé de s'arrêter, Napoléon projette
D'utiliser ce temps en coupant la retraite
Au corps ainsi surpris, qui, vers le Dniéper
Son refuge, cherchait alors à s'échapper.
Ce projet accompli nous était fort utile
Et Davout, tout d'abord, par une marche habile
A Mohilew remporte un succès glorieux,
Mais qui dut cependant rester infructueux.

Toutefois, vers le sud, grâce à son énergie,
Davout a refoulé cette armée ennemie
Qui ne pourra, genée en tous ses mouvements,
A Barklay de Tolly se joindre de longtemps.
Ce simple résultat promet la réussite
De l'admirable plan que le héros médite.
Qu'Alexandre à Drissa reste encor quelque temps,
Bientôt il sera pris dans ses retranchements
Et les brillants jours d'Ulm renaîtront en Russie !

Mais la Fortune, hélas ! cette infidèle amie,
Qui fait mouvoir la roue, où l'on voit tour à tour
S'élever, s'abaisser les favoris d'un jour,
Craignait, pour le héros, de sembler trop constante,
Et, le précipitant sur la fatale pente
Que tant d'autres avaient descendue avant lui,

Elle cherchait alors à lui ravir l'appui
Qui pouvait le sortir d'un pas si difficile.
Politique imprudent, mais général habile
A force de science, à force de bonheur.
De la lutte il devait être encor le vainqueur.
Ne pouvant le priver de l'étonnant génie
Que le ciel lui donna, la Fortune ennemie
Voulait, en le leurrant de l'espoir du succès,
En faisant échouer ses plus adroits projets,
Le mener jusqu'au jour, à l'heure favorable,
Ou, venant seconder la Déesse implacable,
La nature à son tour accablant le héros,
Détruirait tout-à-coup ses merveilleux travaux !

Le Russe ne sait point quel péril le menace,
Mais le Czar a déjà tremblé de son audace,
Et, toujours entouré de contraires avis,
Laissant soudainement ceux qu'il avait suivis,
Il a quitté le camp troublé par sa présence.
Barclay, bon général, surtout par sa prudence,
Quoiqu'il n'eût point encor de plan bien arrêté,
Abandonnant Drissa, sur Smolensk s'est porté.
L'Empereur a soudain découvert sa manœuvre.
Pour la faire échouer, vite, il met tout en œuvre
Et, non découragé d'un insuccès fâcheux,
Il espère bientôt être enfin plus heureux,
L'ennemi, vivement pressé dans sa retraite,
Subit, trois jours de suite, une triple défaite.
Il allait accepter un combat décisif :
Mais il change aussitôt d'avis. Pour quel motif ?

Et quelle cause encor nous ravit cette chance ?
C'est qu'il apprend soudain par quelle résistance
A Mohilew, Davout venait de repousser
Ceux de Bagration. Barclay doit renoncer
A l'espoir qu'il conçut de bientôt le rejoindre,
Et, comme, en combattant, il avait tout à craindre
Et plus rien à gagner, il pensa prudemment
Qu'il fallait devant nous reculer sur-le-champ.

Quelle déception ce fut pour notre armée!
Par l'espoir du succès la veille ranimée,
Elle comptait déjà sur un nouveau Friedland.
Aussi, quand vint le jour, son mécompte fut grand.
Il fallut de nouveau se mettre à la poursuite
De l'ennemi que rien n'entravait dans sa fuite,
Tandis que nos soldats, de fatigue épuisés,
Sur la route, en tous sens, se trouvaient dispersés,
Et que le vétéran, au drapeau plus fidèle,
Brûlait de voir la fin d'une guerre cruelle
Qu'un noir pressentiment, pénétrant dans son cœur,
Présentait à ses yeux comme un sujet d'horreur !

Du Russe ne pouvant plus troubler la retraite,
Le héros se résigne, et, dans Vitebsk s'arrête.
Davout vient l'y rejoindre, et si Bagration
A rallié Barclay, par compensation,
Napoléon aura sous sa main redoutable
Une armée imposante et vraiment formidable.
Rien n'était donc perdu, car son fécond esprit
Conçoit un nouveau plan qui doit, s'il réussit,

A ses armes encor rendre tout leur prestige.
Deux cent mille soldats qu'avec art il dirige,
Vont surprendre Smolensk, passer le Dniéper
Et, tournant l'ennemi, soudain l'envelopper.
Tout marche bien d'abord, et le Russe, immobile,
Va périr par l'effet d'une manœuvre habile
Qu'il n'a point su prévoir : mais de faux mouvements
Qu'il exécute alors, lui révèlent nos plans.
Il est encor sauvé, grâce à sa maladresse,
Car tel est le néant de l'humaine sagesse,
Qu'une faute parfois au péril nous soustrait.
Le héros, dont le cœur se dépite en secret,
En voyant de ses plans l'insuccès regrettable,
Dérobe à tous les yeux le chagrin qui l'accable,
Et, dans l'adversité toujours calme et serein,
Il saura jusqu'au bout résister au destin !

Les Russes, cependant, n'avaient point pris la fuite,
Car Smolensk, la cité chère à tout Moscovite,
Que, sur les Polonais, ils conquirent jadis,
Et qui sait partager, dans leurs grossiers esprits,
La vénération que Moscou leur inspire,
Smolensk, le boulevard de leur antique empire,
Réclamait leur effort : ils luttèrent en vain
Et l'on vit de nouveau des flots de sang humain
Répandus sans profit, sans résultat possible !
Ce terrible spectacle au héros fut sensible,
Et chacun, contemplant une telle fureur,
Sentit son cœur rempli d'une profonde horreur.
Ne pouvant conserver cette ville chérie,

Les Russes, dont il faut plaindre la barbarie,
A ses débris fumants ajoutent des débris.
Les maisons qu'épargna le feu des ennemis,
Doivent subir partout la torche incendiaire.
Ainsi le dénuement, la faim et la misère,
Un pays ravagé, bien moins par ses vainqueurs,
Toujours les plus humains, que par ses défenseurs,
Tels sont les résultats d'une guerre sauvage,
Des Russes attestant et la haine et la rage !

Pesant dans son esprit des faits si désolants,
Le héros, à Smolensk, hésite quelque temps.
Doit-il aller plus loin ? Il est sur la limite
Qui séparait jadis le peuple Moscovite
Du peuple Polonais. S'il cesse d'avancer,
Dans ces sauvages lieux il lui faudra passer
L'hiver, dont la rigueur justement redoutable,
Nuisible à ses soldats, aux Russes profitable,
Sans parler des dangers dont il l'entourera,
Quoi qu'il puisse arriver, tout au plus servira
A prolonger encore une aussi triste guerre.
Faut-il rétrograder ? et, courant en arrière
En Pologne hiverner ? on le croira vaincu :
Le prix de ses efforts totalement perdu,
Ses nombreux ennemis proclamant sa défaite,
Tant de peuples soumis soudain levant la tête,
Sa gloire anéantie et son nom effacé,
Voilà de quels périls il se sent menacé,
S'il revient sur ses pas, guidé par la prudence.
Le sort en est jeté ! le ciel veut qu'il avance :

De reculer toujours les Russes sont honteux,
Et, bien que ce parti soit le meilleur pour eux,
Ils veulent de Moscou ne point livrer la route
Avant d'avoir lutté : tandis qu'encore il doute
Du parti qu'il prendra, soudain Napoléon
Apprend quelle est enfin leur résolution.
C'est un dernier espoir qui semble lui sourire
Et de prompts mouvements qu'il s'occupe à prescrire
Vers les Russes, alors, ont aussitôt conduit
Les soldats éprouvés qui marchent avec lui.

C'est à Borodino qu'eut lieu l'affreux carnage ;
Et les Russes, malgré le plus brillant courage.
Malgré le désespoir qui doublait leur valeur
Nous virent remporter un succès plein d'horreur !
Plein d'horreur, c'est le mot : Wagram, Eylau lui-même,
Ne sauraient approcher de la fureur extrême
Déployée en ce jour, pour nous si glorieux,
Qui, de la Moskowa, rendit le nom fameux !
Ce terrible combat, faut-il vous le décrire ?
Veuillez m'en dispenser, car, j'ose à peine dire
Que cent mille soldats, ou Russes, ou Français,
De leur sang ont payé cet effrayant succès.
Les Russes, n'ayant plus qu'une impuissante armée,
Qui demandait du temps pour être reformée,
Se virent obligés de nous livrer Moscou.
Leur nouveau général, Kutusoff, lui, surtout,
Qui, de temporiser, comprenait l'avantage,
Des siens sut contenir la trop stérile rage.
Il sortit de Moscou suivi des habitants,

Victimes la plupart de récits impudents,
Qui faisaient des Français des monstres effroyables,
Et des plus grands excès les prétendaient coupables.
L'ignorance et l'erreur, qui sans cesse la suit,
Du despotisme sont le plus certain appui;
Et c'est en instruisant les masses populaires,
Qu'on pourra mettre fin aux horribles misères
Qui, du peuple, toujours furent le lot affreux.
Fasse le ciel qu'un jour un prince généreux,
Comprenant ses devoirs, veuille que sa puissance
Se base sur l'amour et non sur l'ignorance !

Dans nos rangs éclaircis, nombreux encor, pourtant,
Circule tout-à-coup un long frémissement.
Un nom, un mot unique a frappé notre oreille :
Moscou ! Moscou ! ce mot dans notre âme réveille
Les souvenirs de gloire, et beaucoup, en ce jour,
Se rappellent qu'ils ont envahi, tour à tour,
De chaque nation la ville capitale.
Au sommet d'un côteau, Moscou, l'orientale,
Nous apparaît soudain, éblouissant nos yeux,
Par son aspect étrange et vraiment merveilleux.
Quel mélange étonnant de palais, de masures,
De dômes éclatants et couverts de dorures !
De gothiques clochers dans les airs élancés !
De jouir du coup-d'œil tous se sentent pressés ;
Mais que leur joie, hélas ! devait être éphémère !

Notre cavalerie, en entrant la première
Dans l'enceinte où chacun croit trouver le repos,

Y rencontre la paix, mais la paix des tombeaux !
Chaque maison est close et chaque rue est vide.
A peine, par instant, comme une ombre rapide
Au loin semble s'enfuir et soudain disparaît.
Autour de nos soldats l'isolement est fait.
Mais, qu'importe après tout : de cette ville immense
Ils sauront bien chasser le lugubre silence,
Et leurs propos joyeux, leurs refrains entraînants
Ont dissipé bientôt les noirs pressentiments.

Tout-à-coup, cependant, au milieu des ténèbres,
Apparaissent, hélas ! mille lueurs funèbres ;
Un horrible incendie, augmenté par le vent,
Éclate en divers lieux, se propage et s'étend.
Guidés par les clartés de la flamme géante,
Que le bois vermoulu des maisons alimente,
Nous courons dans le but d'arrêter le fléau,
Mais ce fragile espoir disparaît aussitôt.
Pendant que, sur un point, à force d'énergie,
Nous savions ralentir, entraver l'incendie
En lui faisant sa part, en vingt autres endroits,
Le feu plus furieux éclatait à la fois.
Nous comprenons alors la cause et l'origine,
Du terrible fléau qui déjà nous domine,
Et nos cœurs sont frappés d'un coup bien douloureux,
A l'aspect effrayant d'un fait si monstrueux.
Eh quoi ! Les Russes ont détruit leur sainte ville,
Pour priver l'ennemi d'un agréable asile,
Dont il a su d'ailleurs sans peine se passer.
Un résultat pareil pouvait-il compenser

Les maux que supporta la cité tout entière ?
Trois cent mille habitants réduits à la misère
Errant à l'aventure et suivant les soldats,
Sans but et sans espoir s'attachant à leurs pas,
Et bientôt succombent sous d'atroces souffrances,
Voilà, d'un crime affreux, voilà les conséquences !

Ah ! qui donc oserait absoudre Rostopchin
Qui seul, il faut le dire, a conçu ce dessein
Et seul l'exécuta. De cet acte sauvage
Produit, non d'un calcul, mais d'une aveugle rage,
Qui d'honnête jamais sera le défenseur ?
Ce forfait inoui, sans doute, a sa grandeur,
Et semble se baser sur le patriotisme.
Erreur, croyez-le bien : le barbare égoisme,
Seul, a pu concevoir ce projet insensé.
Détester l'ennemi dont on est menacé,
Employer les moyens qu'autorise la guerre
Pour combattre, arrêter, détruire l'adversaire,
Certes, c'est le devoir de tout bon citoyen,
Prêt à lui dévouer et son sang et son bien.
Mais, sans aucun calcul, et guidé par la haine,
Commettre une action inutile, inhumaine,
Ruiner froidement un peuple malheureux,
Voilà ce qui toujours doit paraître odieux !

Quinze mille blessés entraînés à la suite
Des Russes, qui, par nous, trop pressés dans leur fuite,
Se virent obligés de nous les confier,
Gisaient dans les maisons. Quand l'immense foyer

Sur la ville soudain étendit sa furie,
Nos soldats, obligés de fuir cet incendie,
Durent abandonner à leur terrible sort,
Ces infortunés qui tous trouvèrent la mort
Sous les brûlants débris de ce bûcher horrible.
Des nôtres, cependant, le cœur bon et sensible
Saignait en contemplant ces pauvres malheureux,
Par la flamme entourés, dont les cris douloureux
Allaient diminuant, vaincus par la souffrance,
Cris remplacés bientôt par un morne silence.
Ils les voyaient, hélas! expirer lentement,
Sans pouvoir les sauver, sans pouvoir seulement
Sentir naître l'espoir d'un heureux sauvetage.
Rostopchin! Rostopchin! contemple ton ouvrage!
Et vous, qui, jusqu'au ciel, portez ce scélérat,
De son patriotisme, ah! vantez-nous l'éclat!

Pendant quatre longs jours la flamme dévorante
Constamment s'élança de la fournaise ardente,
Qui marquait de Moscou le vaste emplacement.
Enfin, grâce à la pluie, ou faute d'aliment,
Le feu s'était éteint; nous rentrons dans la ville,
Dont les tristes débris nous servirent d'asile,
Et bientôt, en cherchant même sous ses débris,
Nous avons retrouvé, dans les caves enfouis,
Du vin, des aliments, ressource précieuse
Et qui devait, durant la saison rigoureuse,
Nourrir les habitants qu'entraîna l'ennemi.

Pendant que nos soldats jouissent, sans souci,

D'un perfide repos, précurseur de l'orage,
Napoléon médite, et, malgré son courage,
D'affreux pressentiments, qu'il ne peut plus chasser,
Pénètrent dans son âme, et semblent annoncer
Les malheurs qui, bientôt, fondant sur son armée,
Verront en peu de jours sa perte consommée;
Car, il faut l'avouer, le reste maintenant
De son histoire, c'est le rôle d'un géant !
Pendant deux ans il sut, à force de science,
D'un pouvoir expirant prolonger l'existence,
Et pendant ces deux ans d'efforts prodigieux,
Mais stériles, hélas! le héros malheureux,
Déployant les ressorts de son puissant génie,
A fait renaître en vain ses exploits d'Italie !

Prince! dispensez-moi de dire longuement
Des faits si douloureux ! vous savez maintenant
Quelles furent jadis les graves imprudences
Du héros : en voici les tristes conséquences.

Napoléon a vu qu'il ne peut, désormais,
Espérer que, du Russe, il obtiendra la paix.
La cendre de Moscou, non encor refroidie,
D'un ennemi sauvage atteste l'énergie.
C'est un duel à mort: quelle en sera la fin?
Il faut se résigner à ce coup du destin.
Comment faire ? Doit-on hiverner à la place
Qu'on occupe ? Déjà, manquant de cette audace,
Qui le servit jadis, alors Napoléon
Est quelque temps en proie à l'indécision,

Qu'il avait jusqu'ici su chasser de son âme.
C'est qu'hélas ! tôt ou tard, la nature réclame
Ses droits impérieux : le héros le plus grand
N'est qu'un homme, après tout; dans un pareil moment,
D'hésiter l'Empereur était fort excusable.
Il conçut cependant un plan bien préférable
A celui qu'à la fin, par les siens entraîné,
Plus tard il adopta : ce plan abandonné,
Nous vîmes commencer cette retraite affreuse
Dont vous savez déjà l'histoire malheureuse.

Que de fois nos soldats, affrontant mille morts,
Accablant l'ennemi de suprêmes efforts,
Ont remporté sur lui de brillants avantages.
Mais un fléau, cent fois plus fort que leurs courages,
Vint moissonner bientôt tous mes vieux compagnons.
Leurs corps de la Russie ont nourri les sillons.
Le froid les terrassait et la neige montante,
Les entourant soudain d'une robe éclatante,
C'est ainsi qu'ils voyaient se terminer leurs maux,
Et jouissaient, enfin, de l'éternel repos.
Sur l'uniformité de la plaine blanchie
Quand nous apercevions, mollement arrondie,
Une éminence oblongue, en la fixant des yeux,
Nous nous disions alors, tout bas : il est heureux !

Sous les coups de l'hiver qui redoublait de rage,
La force n'était plus qu'un précaire avantage;
Et que j'ai vu périr de noble vétérans,
Des frères bien-aimés, des amis de vingt ans !

Voyez ce vieux soldat dont la moustache grise
Se couvre de glaçons au contact de la bise.
Quels pays jusqu'alors n'a-t-il pas parcourus ?
Quels maux n'a-t-il soufferts, et quels dangers courus ?
Mais le froid a dompté sa nature énergique,
Et celui qui brava le soleil de l'Afrique
Sous le rude Aquilon succombe, terrassé.
Voyez-le renoncer à ce pas cadencé
Qui, si souvent vainqueur d'une marche pénible,
A la fatigue avait su le rendre insensible :
Il ralentit déjà son impuissant effort.
Ah ! malheureux soldat ! contemple donc la mort,
Qui grimace là bas en attendant sa proie !
Chasse l'abattement auquel je vois en proie
Ton âme qui, longtemps, sut braver le destin.
Vain conseil ! Car ici le ciel marqua sa fin.
Il s'arrête, il s'assied sur la neige durcie,
Et bientôt, par le froid, sa pensée engourdie,
Déjà court dans le vide : il ferme l'œil, il dort !....
Ce perfide sommeil, il se prolonge encor !
Ses membres, dispersés par les bêtes sauvages
Auront fertilisé quelques gras pâturages
Où l'animal paisible, en broutant le gazon,
S'assimile ce corps qu'anima la raison.
Hélas ! telle est la fin des choses de ce monde :
Vous errez en tous sens sur la terre et sur l'onde,
En poursuivant la gloire, étincelant flambeau,
Sans pouvoir à la fin conquérir un tombeau !

Que dirai-je de plus de ce désastre immense ?

De tant de malheureux dépeindre la souffrance,
Dépasse ma faiblesse, et puis, bien malgré moi,
Malgré le temps coulé, d'un douloureux émoi,
Je sens mon cœur saisi : courbés sous la misère,
Nous atteignons, enfin, la fatale rivière
Qui semblait à jamais nous fermer le retour.
Bérézina ! tes bords virent, en ce beau jour,
Les Français se couvrir d'une gloire immortelle !
Si leur position fut horrible, cruelle,
S'ils versèrent des flots de leur généreux sang,
Ils surent remporter le succès le plus grand
Qu'ils pussent espérer à cette heure terrible,
Où tous, d'un même élan, vainquirent l'impossible !
Je sens qu'un souvenir si grand, si merveilleux,
Rend moins amers les pleurs qui coulent de mes yeux !

Napoléon bientôt se trouva sans armée :
Par le froid, la misère, elle fut consumée.
De la Bérézina le glorieux effort
Ne put faire échapper ses débris à leur sort.

Dans Paris, le héros qui bravait l'infortune
Et chassait loin de lui la tristesse importune,
Compagne du malheur, conseiller dangereux,
Accourut pour combattre un destin rigoureux.
Grâce à l'activité qui toujours le dévore,
De la France épuisée il sait tirer encore
Une armée imposante, et, quand vient le printemps,
Il obtient tout d'abord des succès éclatants,
A Bautzen, à Lutzen, ces victoires jumelles,

D'un flambeau qui s'éteint dernières étincelles.
Russes et Prussiens, assemblés contre nous,
Sont brisés par l'effet de ces deux rudes coups ;
Et c'en était fait d'eux, quand l'Autriche traîtresse,
Tenant aux ennemis la secrète promesse
Qui la liait avec la coalition,
Vint parler au héros de médiation,
Afin de colorer son honteux artifice.
Sa condition fut un fâcheux armistice
Qui dut neutraliser l'effet de nos succès.
Enfin, après avoir longtemps parlé de paix,
L'Autriche tout-à-coup nous déclare la guerre.
De Dresde, cependant, la lutte meurtrière,
Démontre aux ennemis que leur nombre écrasant,
Du triomphe n'est point encore le garant.
Par malheur, le héros qui demeure invincible,
Ne peut être partout, et maint échec sensible
Atteint ses lieutenants, trop éloignés de lui.
Ah ! si, mieux avisé, du Rhin prenant l'appui,
Il se fut contenté, défendant nos frontières,
D'attendre fièrement ses nombreux adversaires,
Derrière cet obstacle, ils n'auraient, certes, pas
Pu le franchir devant deux cent mille soldats,
Protégeant cette fois le sol de notre France!

Cependant, à Leipsick, la lutte recommence.
Que de hauts faits encor dans ces jours si fameux,
Jours néfastes, c'est vrai, mais jours bien glorieux,
Car, en dépit du nombre et malgré l'infamie
Des Saxons (qu'elle soit à tout jamais flétrie)

Nous avions arrêté l'effort des alliés.
Mais nos braves, en vain, se sont sacrifiés,
Et, comme près d'Essling, les cartouches usées
Ne peuvent assez tôt se trouver remplacées.
Nous reculons. Hélas ! nouveau coup du destin,
Le Bavarois prétend nous fermer le chemin.
Le Bavarois, comblé des bienfaits de la France,
Avec nos ennemis vient de faire alliance,
Espérant accabler le héros malheureux.
Ah ! qu'un pareil spectacle est triste et douleureux !
Quelles grandes leçons pour la sagesse humaine !
Du traître Bavarois l'espérance fut vaine :
A travers ses débris nous sûmes nous ouvrir
Le chemin qu'il avait tenté de nous ravir.

Nous revoyons enfin les champs de la patrie ;
Mais c'est elle, à présent, cette France chérie,
Que nous devrons, hélas ! défendre et protéger
Contre les bataillons nombreux de l'étranger.
Oui, la postérité dira si notre armée,
Sut soutenir alors sa vieille renommée,
Et, pendant quelques mois, par un suprême effort,
Balancer la fortune et les rigueurs du sort.
Ah ! que de fois encore, en se couvrant de gloire
Elle put obtenir, remporter la victoire.
C'est en vain : l'ennemi, toujours se recrutant,
De l'Hydre rappelait le combat effrayant.
Après chaque succès, notre armée épuisée,
Et par tant d'ennemis circonscrite et pressée,
Reculait, il est vrai, mais de front, pas à pas,

Sans qu'il fût un sillon qui ne se rougît pas
De son sang généreux. Enfin l'heure fatale
Sonne : les alliés sont dans la capitale,
Grâce à la lâcheté, grâce à la trahison
D'infâmes dont je veux vous taire ici le nom :
Mais qu'à son pilori l'impartiale histoire
Attache pour jamais ce nom et leur mémoire !

Pour nous, tristes débris de tant de bataillons,
Autour de notre chef, alors, nous nous pressons,
Prêts à verser encor, suprême sacrifice,
Ce sang qui, tant de fois, coula pour son service;
Car tous nous sentons bien que, malgré ses erreurs,
Le héros malheureux toujours règne en nos cœurs.
Sa cause était pour nous la cause de la France,
Et le simple bon sens nous faisait par avance
Prévoir tous les malheurs de notre cher pays.

Mais, pendant ces instants, s'agitaient dans Paris
Les destins du héros que la fortune accable,
Et qui semble pourtant encore redoutable !
Une défection que je dois rappeler
Rassure ses vainqueurs toujours prêts à trembler.
Désormais ils pourront, sans nulle inquiétude,
Étaler au grand jour leur noire ingratitude ;
Et celui qui toujours, par son cœur entraîné,
Sans cesse pardonna, ne fut point pardonné !

Il sut se résigner alors avec noblesse
Et faire preuve aussi d'une grande sagesse,

En refusant, malgré ses instincts belliqueux,
De prolonger, au sein du pays malheureux,
Une guerre où, dès lors, en employant le zèle
Des siens, il ne servait que sa propre querelle.

Il nous a réunis : il nous fait ses adieux.
Des pleurs, des pleurs amers s'épanchent de nos yeux ;
Et tous ces vieux soldats aux figures bronzées,
Sentent par la douleur leurs âmes maîtrisées !
Le voilà, ce héros, lui dont ils ont, vingt ans,
Suivi la gloire immense et les pas triomphants !
Il semblait qu'à son char la fortune enchaînée
Dût toujours protéger sa vaste destinée.
Vain espoir ! la cruelle accable de ses coups
Celui qu'elle parut chérir le plus de tous !....

Il partit et bientôt il débarqua dans l'île
Qu'on avait bien voulu lui laisser pour asile,
Et sur laquelle on vit le grand Napoléon
Régner en souverain. Quelle dérision !
Oui, celui qui jadis distribua des trônes,
Et qui sur tant de fronts plaça tant de couronnes,
De son Empire n'a plus qu'un mince lambeau,
A peine suffisant pour être son tombeau !

CHANT ONZIÈME.

WATERLOO.

Cependant, enfermé dans cet étroit espace,
Lui qui, jadis, tenait une si vaste place
Au milieu de l'Europe asservie à ses lois,
Il sut se résigner, et si ses yeux, parfois,
Se dirigeaient encor vers sa France chérie,
C'était que le bonheur de sa belle patrie,
De son cœur fut toujours le souci le plus grand.
Avec peine bientôt, mais sans étonnement,
Il vit de quels malheurs elle était menacée,
Et que, des vieux partis, la fureur insensée
La menait à l'abîme, un abîme sans fond.
Que devait, que pouvait faire Napoléon ?
Pour ne pas, plus longtemps, fatiguer, par la guerre,
Les Français qu'il a su rendre si grands, naguère,
Il avait, sans regret, du faîte descendant,
Sacrifié ses droits, accepté le néant.

Ceux qui l'ont remplacé, manquant soit de mémoire,
Soit de raison, déjà semblent de son histoire
Oublier à plaisir la sévère leçon.
Ils bondissent au mot de révolution,
Et follement poussés par une aveugle haine,
Du fleuve du progrès, dont le cours les entraîne,
Ils voudraient arrêter l'élan impétueux.
« Leurs efforts, à coup sûr, seront infructueux,
« Et de quatre-vingt-neuf les vérités sublimes,
« Du pouvoir, tôt ou tard, sauront franchir les cimes! »
Se disait le héros. « Mais faut-il froidement
« Du pays contempler le triste abaissement,
« Et combien dureront les tortures morales
« Que doivent lui causer de si honteux scandales? »

C'est en pensant ainsi qu'il se vit entraîné
Par son cœur, et par ceux qui, d'un infortuné,
N'avaient point déserté la cause glorieuse,
A tenter l'entreprise étrange, aventureuse,
Dont le brillant début devait, si promptement,
Se transformer, hélas! en affreux dénouement.
En outre, soit par peur, soit effet de leur haine,
Déjà les alliés pensaient à Sainte-Hélène.
A cette île jetée au sein de l'Océan,
Sous un brûlant climat, sous un ciel inclément,
Bien fait pour abréger la pénible existence
Des malheureux poussés là par la Providence.
A Vienne rassemblés, ces vainqueurs inhumains
Dissimulaient encor leurs perfides desseins :
Mais le héros, instruit de leurs projets coupables,

Et des plus noirs forfaits les sachant trop capables,
Comprit qu'il ne pouvait plus longtemps hésiter.
Sur l'armée et le peuple il crut devoir compter
Et son attente fut parfaitement remplie.

Répondez, insulteurs de l'homme de génie :
Nierez-vous jusqu'au bout l'évidence des faits ?
Direz-vous qu'il n'était pas aimé des Français,
Celui qui, presque seul, fort par son assurance,
Du midi jusqu'au nord a parcouru la France,
Confiant sa personne à l'amour du pays ?
De quels brûlants transports se virent accueillis
Ses pas retentissants ! Et sa fidèle armée
Ne fut, de son retour, pas la seule charmée.
Du fond de leurs hameaux, ouvriers, paysans
Accouraient l'acclamer, et le simple bon sens,
Guide infaillible et pur des masses populaires,
Leur faisait voir en lui, non l'auteur de ces guerres
Qu'il dut subir souvent, mais le noble Empereur
De la France toujours recherchant le bonheur ;
Et qui, malgré les maux d'une lutte incessante,
Sut lui faire éprouver, de sa main si puissante,
Les solides bienfaits. Oui, l'histoire dira
Que, sous lui, grandement la France prospéra !.....

Lorsqu'il fut débarqué, sur cette longue route
Qu'il parcourut alors, il dut, sans aucun doute,
Rencontrer maintes fois d'infortunés parents,
A qui la guerre avait enlevé leurs enfants,
Et ceux-là, sachez-le, bien loin de le maudire,

Comme certains auteurs n'ont pas craint de l'écrire,
Mêlaient leur voix sincère à celle du pays.
Il est vrai qu'ils n'étaient d'aucuns de ces partis
Dont vous connaissez trop les honteuses tactiques.
Ce n'étaient pas non plus des hommes politiques
De phrases enivrés, cerveaux fêlés ou creux,
Du mensonge suivant les sentiers ténébreux.
Malgré la calomnie, ils ne pouvaient pas croire
Que, poussé par l'amour d'une stérile gloire,
L'Empereur eût voulu braver aussi longtemps
D'innombrables périls, des dangers incessants !
Il avait bien raison, ce peuple de la France,
Ce peuple intelligent et rempli d'indulgence,
Dont l'humeur débonnaire a laissé tant de fois
Des hommes sans pudeur fausser sa grande voix !

Cependant, poursuivant sa marche triomphale,
Déjà Napoléon revoit sa capitale,
Ce palais où, bientôt, dans son appartement,
Que le Roi dût quitter si précipitamment,
Il rentre sur les bras de la foule charmée,
Acclamant son héros. Déjà la Renommée
A l'Europe apprenait ce retour merveilleux,
Et de Napoléon les ennemis nombreux
Sont stupéfaits d'abord. Puis, remplis de colère,
Ils se disent qu'il faut punir le téméraire
Qui met le trouble ainsi dans leurs arrangements.
A cette heure, en effet, tous ces rois impudents
Des nations faisaient le plus honteux partage
Que, même en remontant aux temps où le servage

Sans conteste régnait, l'histoire ait constaté.
Pour amener à fin, avec sécurité,
Leurs intrigues sans nom, ils ont besoin qu'en France
Un pouvoir abdiquant toute noble influence,
De leurs iniquités se fasse, sans rougir,
Le complice odieux. Peut-il le devenir
Celui qui, tant de fois, sut ébranler leur trône ?
Pourtant, en reprenant sa brillante couronne,
Il a su hautement proclamer ses erreurs.
Ils doivent bien savoir, ces princes imposteurs,
Qu'à ses nouveaux serments Napoléon fidèle
Avec eux désormais n'aura plus de querelle.
Son rêve grandiose, à jamais effacé,
Un grand et beau chemin est devant lui tracé :
C'est celui du progrès, et sa main énergique
Saura, dans l'intérêt de la chose publique,
Y pousser le pays frappé de tant de maux,
Et qui, certainement, demande le repos,
Mais ce repos actif où la noble industrie,
De son puissant essor féconde et vivifie
Tant de riches trésors enfermés dans son sein !
Voilà précisément ce que prévoit et craint
L'Anglais, cet ennemi dont la prépondérance
A raison, sur ce point, de redouter la France.
Ce n'est pas, en effet, par des combats sanglants,
Dussent-ils en sortir sans cesse triomphants,
Que les Français pourront atteindre l'Angleterre.
Faisons-lui désormais une plus noble guerre.
Luttons par le commerce et l'art industrieux;
Le ciel saura bénir nos efforts généreux.

Vers ce sublime but marchons avec courage
Et le bonheur de tous deviendra notre ouvrage !

Il ne faudrait donc pas se tromper en ce point.
Non, les coalisés alors ne craignaient point
Que le héros voulût ressaisir ses conquêtes;
Mais la cause troublant leurs âmes inquiètes,
C'était la crainte que, marchant dans le progrès.
La France, en remportant le plus pur des succès,
En basant sur les cœurs ses moyens d'influence,
Ne sût reconquérir sa force et sa puissance.

Prince ! croyez-le bien, ce fut là la raison
Qui les fit s'ameuter contre Napoléon :
Car, malgré ses erreurs, son absolu système.
Du peuple ce dernier fut l'image elle-même :
Il le sentait alors et le disait tout haut.
Et cependant, encore, et cependant, il faut
Que je reproche, hélas ! à votre illustre père,
Une faute fatale. Elle fut la dernière
Et creusa sous ses pas l'abîme du malheur.

Lorsque de l'île d'Elbe il revint, en son cœur
Il avait le dessein de rendre à sa patrie,
La liberté toujours par elle si chérie.
Il annonça partout son généreux projet,
Et le redit encore au jour du Champ-de-Mai:
Mais, tout près d'engager la lutte formidable
Qui, si le ciel voulait se montrer favorable,
A la France pouvait enfin donner la paix,

Il pensa que, pour mieux assurer le succès,
Il devait quelque temps garder la dictature.
Beaucoup de citoyens crurent à son parjure,
Et l'élan par lequel on l'avait accueilli,
Dans bien des cœurs alors se trouva refroidi.
A ces honnêtes gens, de qui la défiance
Excusable, causa tant de maux à la France,
Il faut adjoindre ici les traîtres si nombreux
Dont j'ai flétri plus haut les procédés honteux.
Or, ceux-ci des premiers caressant la faiblesse
Et la faisant passer pour profonde sagesse,
Bien plus qu'une défaite, ont, de Napoléon,
Amené le désastre et l'abdication !

Cependant l'Empereur, qu'on oblige à la guerre,
A compris qu'il pourrait, prévenant l'adversaire,
Envahir la Belgique et conquérir le Rhin. .
Il sent, accomplissant cet habile dessein,
Qu'il s'assure à la fois la barrière puissante
Du fleuve, et de l'Anglais qu'il gêne la descente.
Mais, s'il possède encor ce coup-d'œil pénétrant
Qui toujours sait lui faire entrevoir sur-le-champ,
A quel projet il doit donner la préférence,
Dans sa force il n'a plus la même confiance,
Et, par un sentiment dont il faut l'applaudir,
Il craint qu'on ne l'accuse, hélas! de conquérir.
Il attend patiemment que, près de la frontière,
Anglais et Prussiens viennent porter la guerre;
Et bientôt, informé de leur position,
De leurs corps empêchant soudain la jonction,

Il veut séparément les combattre et les vaincre.
Prince ! dans un moment, vous allez vous convaincre
Que ce plan admirable assurait le succès ;
Et puis, en même temps, vous verrez, par quels faits
De noire trahison, de coupable incurie,
La victoire nous fut cruellement ravie.

Sur la frontière sont cent vingt mille soldats
Pleins d'ardeur. L'ennemi ne le soupçonne pas,
Et nous croit hors d'état de prendre l'offensive,
Quand déjà l'Empereur, par une marche vive,
Sur Charleroi surpris pousse nos bataillons.
A cette heure, pourtant, d'infâmes trahisons
Marquent nos premiers pas. Bourmont, ce misérable,
Qui longtemps médita son acte abominable,
A l'ennemi faisait savoir nos mouvements.
Blücher, alors, guidé par ces renseignements,
De Namur, pour parer le coup qui le menace,
Se porte sur Sombref ; Blücher de qui l'audace
Du héros est connue, approche ainsi de nous,
Et c'est lui qui devra porter les premiers coups.
Intrépide, il est vrai, mais rempli d'imprudence,
Vers le bourg de Ligny hardiment il avance,
Et là, sans hésiter, il prend position
Au sommet d'un coteau qui domine un vallon.
Nous occupons Fleurus et sa célèbre plaine,
Et, de là, l'Empereur peut distinguer sans peine
Les Prussiens massés attendant notre effort.
Alors, comme partout, luttant contre le sort,
Qui semble encor vouloir briser son entreprise,

Notre chef, aussitôt remis de sa surprise,
A conçu le projet d'accabler l'ennemi
Qui vient, aveuglément, se mettre à sa merci.
Ney, dont il connaît bien l'impétueux courage,
Dès la veille aura dû s'emparer du passage
Nommé des Quatre-Bras ; de suite il le prévient
Que Blücher, à Ligny, prêt à lutter se tient.
Pendant que l'Empereur en face va le battre,
Il devra donc sur lui sans retard se rabattre,
Puis, le prenant à dos, l'envelopper soudain,
Et rendre le triomphe aussi grand que certain.
Hélas ! si Ney, toujours, est le brave des braves,
Lui qui ne connaissait jadis nulles entraves,
Incertain, indécis, devant les Quatre-Bras,
Il se tient immobile et ne l'attaque pas,
Pendant que le succès, à remporter facile,
Eût évité, plus tard, une lutte inutile,
Où, sans profit, devaient couler des flots de sang.
Pour attaquer l'Anglais, c'est d'Erlon qu'il attend :
Mais d'Erlon ne doit pas venir de la journée.

Apprenant des Français la marche inopinée,
Wellington, dans un bal, surpris soudainement,
Cherche à parer le coup. Sans perdre un seul instant,
Il dirige ses corps vers l'important passage
Que l'intrépide Ney, malgré tout son courage,
N'ose attaquer, hélas! attendant des renforts,
Et croyant les Anglais infiniment plus forts
Qu'ils n'étaient à cette heure. Enfin, quand leur armée,
Aux Quatre Bras, se trouve assemblée et formée,

Le Maréchal entend le canon de Ligny.
De son inaction soudain il a rougi :
Il les attaque enfin, et la journée entière
Dut voir se prolonger cette sanglante affaire,
Où l'Anglais, dont le nombre était trois fois plus grand,
Garda des Quatre-Bras le passage important.

Napoléon attend avec impatience
L'attaque de sa gauche : un triste et long silence
Règne seul ; il ne peut plus longtemps retarder
Le signal de la lutte. Il faut se décider.
Le soleil a fourni les deux tiers de sa course,
Battre Blücher devient sa dernière ressource.
Il espère, en chassant devant lui ses débris,
Que, par le Maréchal, ils seront recueillis.
Ses soldats, moins nombreux que ceux de l'adversaire,
Demandent le combat. Dans cette courte guerre,
Un nombre d'ennemis, même double du leur,
Ne put, un seul instant, arrêter leur valeur,
Telle était la fureur redoublant leur courage !
En effet ils étaient tous transportés de rage
Contre ces Prussiens, naguère envahisseurs,
Qui couvrirent nos champs de sauvages horreurs.
Point de quartier : c'était leur terrible devise !
Avec de tels soldats, l'admirable entreprise
De l'Empereur, devait obtenir plein succès,
Si…. Que dis-je ? Chassons d'inutiles regrets,
Et terminons enfin notre tâche pénible.

Le choc, près de Ligny, fut sanglant et terrible.

En vain les Prussiens, comme nous furieux,
Tentèrent d'arrêter l'élan impétueux
Qui poussait en avant notre intrépide armée.
Leur défaite par nous fut vite consommée.
Vingt-cinq mille d'entre eux, étendus sur le champ,
Payèrent en ce jour ce triomphe éclatant:
Mais des nôtres la nuit arrêtant la poursuite,
Amoindrit nos succès, et protégea la fuite
Des ennemis. Pendant cette rude action
Qu'était donc devenu tout le corps de d'Erlon ?

Marchant aux Quatre-Bras, en chemin il rencontre
Un courrier du héros qui l'arrête et lui montre
L'ordre de s'avancer du côté de Ligny.
D'Erlon doit obéir et d'Erlon obéit.
Après quelques retards, a la fin, il arrive,
Au moment ou deja la lutte décisive
Va remettre bientôt la victoire en nos mains.
D'Erlon de l'Empereur peut saisir les desseins.
Ses canons sont postés ; la mèche est allumée :
C'en est fait de Blücher, de toute son armée,
Quand un aide-de-camp, venu des Quatre-Bras,
Le fait se replier, revenir sur ses pas.
A quoi tiennent, grand Dieu ! les destins d'un Empire !

Prince ! vous allez voir un fait encor bien pire,
Et qui dut, cette fois, accabler à jamais,
Le héros qu'à la fin a trahi le succès !
Wellington, de Blücher apprenant la défaite,
Quitte les Quatre-Bras, et se met en retraite

Du cote de Bruxelle, ou l'Empereur le suit.
Accablé de fatigue et surpris par la nuit,
Autour de Waterloo, l'Anglais, plein d'imprudence,
S'arrête, ayant à dos une forêt immense.
Ce qui devait le perdre et ce qui le sauva !
Napoléon, voyant qu'il s'est arrêté là,
Se dit, le cœur rempli d'une indicible joie,
Que l'ennemi se perd, qu'il tient enfin sa proie,
Et qu'il va, dans le sang de l'Anglais exécré,
Nous venger. Le succès lui paraît assuré.
Pourtant d'un tiers plus forte est l'armée ennemie :
Mais il connaît des siens l'indomptable énergie,
Et ce n'est pas en vain que sur elle il compta.
De la lutte, il est vrai, le triste résultat
Semble, au premier abord, démentir mes paroles :
C'est un raisonnement bon pour les gens frivoles
Ou ceux de parti pris : les hommes sérieux,
Honnêtes, vers le vrai toujours tournent les yeux.
Ah ! que la vérité, de sa bouche équitable,
Me dicte les hauts faits de ce jour mémorable !

Au devant Waterloo, la route, en s'encaissant,
Coupe un étroit plateau qu'on nomme Mont-Saint-Jean.
Un chemin transversal qui rencontre la route
De Mont-Saint-Jean, pour nous, faisait une redoute,
Puisqu'encaissé lui-même au flanc de ce plateau,
Il formait un fossé, dont le bord assez haut,
Devait de l'ennemi servir la résistance.
C'est là que Wellington, rachetant l'imprudence
Qu'il commit, se promet d'arrêter notre élan.

Du côté de sa droite, Hougoumont le défend,
Et son château sera le théâtre effroyable
D'une lutte à jamais terrible, épouvantable !
Papelotte, Lahaie et Smouhen, réunis
En groupe, de sa gauche ont formé les appuis.
Prudemment il attend le choc de notre armée :
Il sait qu'à l'offensive elle est accoutumée.

Vis-à-vis des Anglais, sur des hauteurs placé,
Notre chef a déjà, d'un coup-d'œil exercé,
Reconnu tous les rangs de l'armée ennemie.
Alors, comme autrefois, son étonnant génie,
Conservant jusqu'au bout sa force et sa vigueur,
Montre à Napoléon qu'il doit être vainqueur.
Mais quel est, tout-à-coup, cet importun présage !
Il voit, vers Saint-Lambert, comme un lointain nuage.
Contient-il des vapeurs, des arbres, des soldats ?...
Sans doute c'est Grouchy qui, courant sur nos pas,
Des ordres qu'il reçut, exécuteur habile,
Va rendre de Blücher la présence stérile,
Si, pour lutter, Blücher doit arriver à temps.
Néanmoins l'Empereur, dont les soins prévoyants
Ne négligent jamais la moindre circonstance,
Dirige, sans retard, vers ce corps qui s'avance,
Trois mille cavaliers, puis donne, au même instant,
Le signal que chacun attend, impatient.

Du côté d'Hougoumont la bataille s'engage,
Et nous chassons d'un bois l'Anglais, dont le courage.
Quelque temps, pas à pas, dispute le terrain :

Il a dû cependant céder à notre entrain.
Mais voici le château : derrière sa muraille,
L'Anglais, sans rien risquer, nous frappe, nous mitraille.
La prudence voulait qu'à l'aide du canon
On chassât l'ennemi de sa position.
Les chefs n'y pensent pas, et telle est la furie
Dont l'âme des Français, a cette heure, est saisie,
Qu'ils courent vers les murs, afin de les gravir.
Quelques-uns (et comment !) y peuvent parvenir.
La mort devient le prix d'une imprudente audace
Qui, devant des Français, sans doute eut trouvé grâce !
A la fin, l'Empereur, de ces faits averti,
Fait bombarder la place et chasser l'ennemi.
Ainsi se termina cette lutte acharnée,
Qui n'est qu'un incident de la grande journée.

Comme l'avait si bien prévu Napoléon,
Attaqué sur sa droite, aussitôt Wellington
A dégarni son centre en renforçant son aile.
Mais ce n'etait point là notre attaque réelle,
Et c'est, de nos soldats, l'inexprimable élan
Qui rendit sur ce point le combat important.
C'est au centre qu'il faut, redoublant de vaillance,
Conquérir Mont-Saint-Jean. Un avantage immense,
De ce suprême effort doit devenir le prix.
Nous aurons, en effet, brisé les ennemis
Et fermé le passage assurant leur retraite,
En leur faisant subir une telle défaite,
Qu'à reformer leurs corps ils ne parviendront pas.
Ney, brûlant de venger l'échec des Quatre-Bras,

Au centre nous conduit. Placés en batterie,
Trente puissants canons, de l'armée ennemie
Foudroient les bataillons pressés sur le plateau :
Dans leurs rangs ravagés le desordre, bientôt,
Se met, et, saisissant le moment favorable,
Le Maréchal, aide par ce feu redoutable,
Attaque avec vigueur. Soudain les trois hameaux
De droite sont à nous, et des succés nouveaux
De l'Anglais éperdu commencent la déroute.

Mais il conserve encor Mont-Saint-Jean qui, sans doute,
Va tomber en nos mains, puisque là nos canons
Ont semé la terreur parmi ses bataillons.
Ney, comtemplant l'effet de son artillerie,
S'est dit qu'en avançant encor la batterie,
Ses coups seront plus sûrs, et sauront faire fuir
L'ennemi qui déjà peut à peine tenir
Sur ce plateau que couvre une épaisse mitraille.
Il aura, de ce coup, terminé la bataille,
Et des siens épargné le si précieux sang.
Mais, hélas ! il n'a pas pris garde, l'imprudent !
Que le fond du ravin détrempé par la pluie,
Va soudain annuler sa lourde artillerie
Qui, malgré les efforts des braves canonniers,
Inerte, désormais, gît dans d'épais bourbiers.

Wellington qui, des siens, aperçoit la retraite,
Desespère déjà d'empêcher leur défaite,
Quand il voit tout-à-coup notre feu s'arrêter.
De cet utile calme il a su profiter,

Ralliant ses soldats qui reprennent courage.
Pour rendre plus complet ce premier avantage,
Il lance ses dragons vers le fond du ravin;
Et sur nos canonniers tombant à fond de train,
Ainsi que l'ouragan aveugle dans sa rage,
Leur choc terrible a tout brisé sur son passage !
Mais ils ne devaient pas jouir d'un long succès.
Nos cuirassiers, poussés sur les dragons anglais,
Les détruisent; bientôt la lutte est générale,
Et Ney, pour réparer sa méprise fatale,
Redouble ses efforts. Le décisif moment
Semble approcher; déjà nous pressons Mont-Saint-Jean,
Et nous allons franchir sa formidable enceinte,
Et nous sommes déjà maîtres de la Haie-Sainte !
La fuite, de nouveau, commence chez l'Anglais,
Et Bruxelles, par eux, apprend notre succès.

Le moment est venu d'employer la réserve.
La garde que toujours Napoléon conserve
Pour cette heure suprême où son puissant effort
D'un combat prolongé doit décider le sort.
Soudain l'ordre est donné; notre inaction cesse
Et nous partons enfin, le cœur plein d'allégresse,
Pour achever l'Anglais déjà presque vaincu !
Mais, derrière nos rangs, qu'avons-nous entendu?

Hélas ! de Saint-Lambert c'est l'incertain nuage
Qui, ce matin, pour nous, présageait un orage !
Dans le cours du combat Napoléon apprend
Que Bulow sur sa droite avance en amenant

Trente mille soldats : fâcheuse circonstance
Qui ne peut cependant ébranler la constance
Du héros : « Nous serons, dit-il, un contre deux,
« Nous n'en devons pas moins rester victorieux ! »
Sur les pas de Bulow, pour semer des entraves,
Lobeau, vers Planchenoit, menant dix mille braves,
Fortement s'établit, et sait, pendant longtemps,
Rendre des Prussiens les efforts impuissants.
Ne pouvant dominer sa noble résistance,
Bulow le tourne à droite et vers la route avance.
C'est notre seul chemin ; on ne peut le laisser
Nous mettre entre deux feux : il faut le repousser !
La garde, dans ce but, revient donc en arrière
Et Ney, privé soudain d'un renfort nécessaire,
Par ordre du héros suspendit son élan.
Mais il devait bientôt être encore imprudent.

En effet, Wellington qui, l'oreille tendue,
Toujours des Prussiens attendait la venue,
Pour la seconde fois croit tout désespéré.
L'approche de Bulow soudain l'a rassuré,
Et, de nouveau, des siens, en raffermissant l'âme,
Il double leur vigueur, les pousse, les enflamme.
Il attaque à son tour, mais d'abord vainement.
La Haie-Sainte, pour nous, est un retranchement
Qui longtemps, des Anglais, a brisé l'énergie.
Par malheur, à la fin, notre cavalerie
Ivre de ses succès, bondit jusqu'au plateau.
A l'aspect imprévu d'un résultat si beau,
Ney ne se contient plus : oubliant la prudence.

Il s'écrie : en avant ! sur le plateau s'élance,
Et peut croire un instant qu'il est victorieux.
Funeste illusion d'un cœur impétueux !
Un moment refoulé, l'Anglais, fort par sa masse,
Repousse les Français dont l'imprudente audace
Compromet un succès qui paraissait certain.
Mais, pour qu'il ne soit pas jeté dans le ravin,
Au Maréchal, alors, Napoléon envoie
Ses derniers cuirassiers : ceux-ci, remplis de joie
De pouvoir, à la fin, prendre part au combat,
Ont rejoint les premiers qui, reformés déjà,
Vont s'élancer encor sur l'armée ennemie.
Tous, possédés alors d'une même furie,
Une nouvelle fois occupent Mont-Saint-Jean.
Où rien ne peut d'abord arrêter leur élan.
Mais bientôt, au milieu d'un horrible carnage,
Anglais comme Français, dominés par leur rage,
Voient leurs rangs confondus, et trouvent le trépas,
Sans pouvoir obtenir les moindres résultats.
La voix des chefs, hélas ! n'était plus entendue,
Et de ces combattants l'effrayante cohue
En stériles efforts s'épuisait promptement.
Wellington, enfermé dans un cercle vivant,
De ses profonds carrés, qu'anime sa présence,
Encourage, maintient la ferme résistance.
Ils n'ont, d'ailleurs, ils n'ont aucun moyen de fuir :
Il leur faut donc ici triompher ou mourir !

Des cavaliers Français la vigueur épuisée
Combat plus mollement cette masse pressée

Qui les couvre de feu, saisissant le moment,
Wellington, à son tour, déjà marche en avant,
Et, cette fois encor, reprend son avantage,
Sur ceux de qui la force a trahi le courage !

Mais, cependant, pour nous, l'espoir a reparu ;
Ney, forcé de plier, n'est pourtant pas vaincu :
Il attend des renforts et sa cavalerie,
Calme, brave l'Anglais et sa mousqueterie !
La garde, secondant les efforts de Lobeau,
A Planchenoit venait de repousser Bulow.
Elle accourt maintenant et, bravant la mitraille,
Elle va décider le sort de la bataille.
Elle doit se presser ; déjà baisse le jour.
Napoléon, alors, s'avançant, à son tour,
Des siens, par sa présence, a redoublé l'audace.
A l'Anglais, cette fois, portant le coup de grâce,
Ils vont l'anéantir, le succès est certain...
Mais une fusillade a retenti soudain
Sur la droite. La nuit qui grandit et s'avance,
Sans doute nous avait dérobé la présence
De ce corps inconnu : ce doit être Grouchy,
Attendu si longtemps .... Hélas ! c'est l'ennemi,
C'est Blücher que Grouchy, chargé de sa poursuite,
N'a pas su contenir. Blücher a, dans sa fuite,
Évité les regards du triste Maréchal
Qui, malgré le canon dont le lointain signal
Lui dictait son devoir, dut, par son incurie,
Porter un coup fatal à sa noble patrie !
Que pouvaient désormais nos soldats épuisés,

Entre les Prussiens et les Anglais pressés ?
Ils auraient su pourtant, mitigeant leur défaite,
Avec ordre et sang-froid opérer leur retraite,
Si leurs cœurs, trop remplis d'un sinistre soupçon,
N'eussent pas, dans ces faits, cru voir la trahison.
Et, tout-à-coup, saisis d'une terreur panique,
Ces hommes dont cent fois la bravoure héroïque,
Affronta, dans ce jour, un trépas imminent,
Contraste singulier ! s'enfuient subitement.

La garde toutefois, a l'Empereur fidèle,
Bien que l'isolement se soit fait autour d'elle,
Ne veut pas reculer ; mourir est son devoir.
Ah ! qu'ai-je dit ? la mort est notre unique espoir !
Nos vœux sont exaucés, la mort frappe avec rage,
Sans pouvoir ébranler notre calme courage.
Sept bataillons déja sont détruits en entier.
Prés la Maison d'Ecosse il en reste un dernier :
Cambronne le commande et l'ennemi l'entoure,
Admirant, stupéfait, une telle bravoure.
Oubliant de ce jour l'horrible acharnement,
La pitié dans son cœur pénétre en ce moment,
A l'aspect imprévu d'une aussi rare audace.
« Rendez vous, a-t-il dit, et nous vous ferons grâce !
Cambronne, comme nous, n'aspirant qu'au trépas :
« La Garde, répond-il, meurt et ne se rend pas ! »

Sur l'ennemi courant alors avec furie,
Nous lui faisons payer chèrement notre vie !....
C'est là que je tombai, comme mes compagnons,

Dont les corps entassés recouvraient les sillons.
Quand je revins à moi, quand la nuit, moins obscure,
M'eut permis de juger l'état de ma blessure,
Aux premières lueurs rougissant l'Orient.
Sur ces héros, alors, je jetai tristement
Un suprême regard. Quelle terrible scène !
Et que d'affreux debris étendus sur l'arène
D'une lutte, dont rien n'égala la fureur !
Prince ! vous comprenez quelle fut ma douleur
Ce souvenir encor sait m'arracher des larmes :
Il me restait avant quelques compagnons d'armes,
Echappés comme moi de la Bérézina.
Ces frères, ces amis, je les voyais tous là,
Étendus a mes pieds ! sur leurs pâles visages
Brillait encor l'éclat de leurs bouillants courages.
Un éclat que la mort n'avait pu leur ravir !

Je vous ai dit ailleurs que je voulais mourir,
Mais mourir noblement, en servant la patrie !
J'espérais que bientôt, redoublant d'énergie,
La France tout entière, avec Napoléon,
Saurait, en repoussant la coalition,
Renouveler encor, par son patriotisme,
Des temps républicains le sublime héroïsme.
La France, j'en suis sûr, aurait fait son devoir
Mais, hélas ! l'Empereur qui, sans perdre l'espoir,
Crut bon de se fier à des conseils timides,
Venant d'hommes trompés par ces êtres perfides,
Auteurs de tant de maux, l'Empereur n'osa pas
Des Français menacés armer les nobles bras !

Il abdiqua pour vous, bien qu'au fond de son âme
Il sentit trop, hélas ! qu'un enfant, une femme
Ne pourraient soutenir ce trône chancelant,
Par des traîtres miné. Dois-je dire comment
Fouché, l'affreux Fouché, de hideuse mémoire,
Commettant un forfait qu'on aurait peine à croire,
S'il n'était clairement attesté par les faits,
Traîtreusement livra l'Empereur aux Anglais ?
A quoi bon rappeler une telle infâmie
Par le mépris public si justement flétrie ?

Que dire maintenant de ces hommes d'Etat
Commettant, sans pudeur, le plus grand attentat
Dont l'histoire ait gardé la triste souvenance ?
Ces hommes, doublement cruels dans leur vengeance,
Et peut-être honteux de leur lâche action,
Par le fer n'ont point fait périr Napoléon,
Mais, sachant combiner la prudence et la haine,
Sur ce rocher malsain qu'on nomme Sainte-Hélène,
Enchaînant pour toujours le grand homme martyr,
Ils l'ont à petit feu lentement fait mourir !

Si la postérité doit se montrer sévère
Pour ces Anglais sans cœur, faut-il que l'Angleterre
De son blâme avec eux porte à jamais l'affront ?
Prince, sans hésiter, je puis répondre : non !
Non, non, le peuple Anglais ne fut point le complice
Des odieux auteurs d'une horrible injustice.
Un peuple, quel qu'il soit, a le cœur généreux ;
Il ne fait point périr l'ennemi malheureux
Qui se met en ses mains, rempli de confiance !

Enfin, après six ans d'une affreuse existence,
Vivant de souvenirs, à vous toujours pensant,
Le grand captif a vu s'approcher le moment
Où va se terminer cette longue agonie.
Il meurt, il rend à Dieu sa pure et noble vie,
Et son dernier regard, alors qu'il expirait,
De son fils bien-aimé contempla le portrait :
C'était le seul lien l'attachant à la terre !.....

Ainsi finit, hélas ! l'Empereur, votre père.
Tu possèdes son corps, sol inhospitalier ;
Mais, Prince! dans nos cœurs il revit tout entier.
Ce héros qui, malgré son infortune immense,
Fut, on n'en peut douter, le sauveur de la France !
Répéterai-je ici ce que j'ai dit ailleurs ?
Je n'ai point essayé de cacher ses erreurs.
Si grandes qu'elles soient, plus grande encor, sa gloire
Rayonnera toujours sur sa noble mémoire !
Son génie étonnant, par de vastes succès,
Apprit à l'Univers ce que sont les Français;
Et s'il en abusa, sans doute qu'un autre âge,
De cet enseignement, tirera l'avantage,
Que rencontre un pays à savoir ce qu'il vaut.
Il n'est point ici bas de mortels sans défaut ;
Mais celui dont le cœur, celui dont la grande âme
Brûlèrent jusqu'au bout de cette pure flamme
Qu'allume du pays le saint et noble amour,
Doit être, il est, par nous, bien payé de retour!

CHANT DOUZIÈME.

MORT DU ROI DE ROME.

Le vieillard se taisait : à la lueur mourante
D'une lampe éclairant cette scène imposante,
On voyait sur ses traits fatigués, amaigris,
La trace de nombreux et de cruels soucis.
Il semblait, par moments, qu'au gré de sa pensée,
Son âme vers le ciel tout-à-coup élancée,
Y revit le héros, idole de son cœur.
Alors, subitement, un éclair de bonheur
Brillait dans ses regards, car il paraissait croire
Qu'au céleste séjour, entouré de sa gloire,
Le héros accueilli par tant d'autres héros,
Recevait par leurs voix le prix de ses travaux.
Ceux-ci, débarrassés des passions humaines,
Déchargés à la fin de ces terrestres chaînes,
Dont le poids est si lourd pour les cœurs généreux,
Admiraient l'Empereur, loin d'en être envieux,

Et, sans confusion, paraissaient reconnaître
Qu'on devait hautement le proclamer leur maître.
Enfin (ah! pardonnez à ce vieux serviteur),
Il croyait voir des cieux le Divin Créateur,
Lui-même surgissant d'un éclatant nuage
Pour venir admirer son plus parfait ouvrage !

Pendant qu'en ces pensers son âme s'égarait,
D'un regard anxieux le Prince contemplait
Cet humble narrateur, dont la bouche, naguère,
A su lui révéler la gloire de son père.
Immobile et pensif, il se tait maintenant....
Subissant du récit l'immense enchantement,
Le Prince entend encor la merveilleuse histoire.
Elle vit dans sa tête : il ne paraît pas croire
Que ces faits étonnants doivent jamais finir,
Que le grand Empereur un jour puisse mourir !
Gérard, pour ménager ce cœur tendre et sensible,
Avait, en terminant, parlé le moins possible
Des lâches procédés, des persécutions,
Entourant du héros les moindres actions.
Et qui surent encore, aigrissant sa souffrance,
Précipiter la fin de sa triste existence.
Pourtant ce soin touchant, ce soin si délicat,
Que fit naître, à cette heure, au cœur du vieux soldat,
Son noble dévouement pour l'infortune amère
De ce fils malheureux idolâtrant son père,
Un moment, tout d'abord, dut sembler superflu.
Le Prince paraissait n'avoir rien entendu
De ce qui concernait la fin si misérable

Du sublime martyr qui, certes, fut coupable,
Mais coupable d'avoir été trop indulgent,
Et coupable, surtout, d'avoir été trop grand !
Ainsi que le vieillard, absorbé par son rêve,
L'imagination de terre le soulève
Et l'entraîne, en tous sens, parmi ces champs nombreux
Que son père jadis a rendu si fameux !
Soudain a retenti la fanfare guerrière:
De profonds bataillons semblent sortir de terre;
Sur les poudreux habits de ces braves soldats,
Des taches d'un sang noir, rappelant le trépas
Des membres ignorés de la sombre phalange,
Lui donnent un aspect lugubre, horrible, étrange.
Ils s'avancent, d'abord froids et silencieux;
Tout-à-coup des éclairs ont jailli de leurs yeux.
C'est qu'il ont vu là bas, là bas, loin dans la plaine,
Une masse qui semble indécise, incertaine,
Mais dans laquelle ils ont reconnu l'ennemi.
De quel élan, par eux, il se voit accueilli !
Celui-ci vainement de ses feux les mitraille;
Ils ont pour eux fixé le sort de la bataille,
Sans avoir seulement à ce feu riposté.
Ils doivent leur triomphe à l'intrépidité
Qui sut, pendant vingt ans de luttes meurtrières,
Les faire terrasser leurs pâles adversaires.
« O Français ! pensait-il, tout enthousiasmé.
« Votre courage n'est point en vain renommé.
« Aucun peuple ne sut, ô nation chérie!
« Jusqu'alors égaler ta sublime furie
« Devant laquelle il faut ou céder ou mourir !

« Oui, je serai toujours fier de t'appartenir.

« Toi seule sais comprendre et sais faire la guerre ;

« Au sein de ce fléau triste, mais nécessaire,

« Toi seule te souviens que, par l'humanité,

« L'homme doit s'élever vers la Divinité.

« Au milieu des combats, ton âme impétueuse,

« Même pour l'ennemi se montre généreuse.

« Tu ne peux froidement verser le sang humain,

« Et tes soldats, poussés par un élan soudain,

« Qui s'éveille en leurs cœurs à l'odeur de la poudre,

« Sur les rangs opposés tombant comme la foudre,

« Renversent promptement l'obstacle quel qu'il soit :

« Mais ils ne savent point égorger de sang-froid.

« Et, le combat fini, du lion plein d'audace

« Un homme simple et bon prend aussitôt la place. »

Cependant le silence, en se continuant,
A reporté le Prince aux soucis du moment.
Ses rêves déployant leurs ailes si légères
Ont fui : séchant alors quelques larmes amères
Qui rougissaient ses yeux, le Prince infortuné,
Vers le digne vieillard tout-à-coup ramené,
Allait remercier cet ami si fidèle
Qui lui rendit l'espoir, et dont le noble zèle
Méritait, à coup sûr, ce doux titre d'ami,
Lorsqu'en le prévenant, Gérard soudain lui dit :
« Il faut nous séparer, car une lueur pâle
« Paraît à l'Orient, et l'aube matinale
« Vient annoncer le jour. Comme l'oiseau des nuits
« L'ombre doit me cacher aux regards ennemis.

« Demain je quitte Vienne et je retourne en France,
« Où je suis rappelé par la douce espérance
« De servir le pays, mon Prince, en vous servant.
« Le but de mon voyage est rempli maintenant ;
« Je sais que, d'un héros, si le ciel vous fit naître,
« Il vous combla des dons nécessaires pour être
« Le digne successeur du grand Napoléon.
« Vous saurez noblement soutenir ce beau nom.
« Je vais à mes amis porter cette assurance
« Qui devra, j'en suis sûr, doubler leur confiance
« Dans le succès prochain de travaux généreux.
« Nous n'avons qu'un seul but : voir le pays heureux.
« Il doit le devenir par votre dynastie
« Qui, du milieu du peuple, est naguère sortie.
« Elle en peut être fière et n'oubliera jamais
« Que son droit est gravé dans le cœur des Français.
« Ce droit, c'est le seul vrai, c'est le seul légitime.
« Ah ! Prince! partagez cet espoir qui m'anime,
« Espérez : ici-bas l'on ne vit que d'espoir.
« Je ne veux pas vous dire adieu, mais : au revoir ! »

En achevant ces mots vers le Prince il avance;
Mais alors ce dernier soudain vers lui s'élance
Et, sur son sein, pressant le généreux vieillard :
« Dans mes bras, dans mes bras, ô mon digne Gérard !
« Oui, je vous dois l'espoir ! une nouvelle vie
« Surgit pour moi : je sors de la triste inertie
« Dans laquelle m'avait plongé l'isolement,
« Et, grâce à vous, Gérard, je saurai maintenant
« Que, pour de nobles cœurs, ma chétive existence

« N'est pas sans intérêt ; cette douce assurance
« Me rend toute ma force. Oh ! oui, je veux lutter ;
« A mes persécuteurs je saurai résister ! »

Il disait, et déjà, sur son pâle visage,
Un fugitif éclat que le feu du courage
Y produit un instant, l'a coloré soudain ;
Mais, à peine allumé, ce feu brillant s'éteint.
Une vive douleur qui serre sa poitrine,
Lui rappelle ce mal qui sourdement le mine,
Et le ramene, hélas ! aux noirs pressentiments.
« Ah ! près de moi, restez encor quelques instants,
« Dit cet infortuné, restez, votre présence
« Me soutient, car en vous je contemple la France.
« Ce pays désiré, l'objet de mes regrets,
« Ce pays que mes yeux ne reverront jamais !...
« Ami, pardonnez-moi, pardonnez ma faiblesse...
« Allons, je vais chasser l'importune tristesse.
« Partez, puisqu'il le faut, partez, je serai fort,
« Et quels que soient les coups que me garde le sort,
« Je veux le défier et, bravant ma misère,
« Me rendre digne un peu de mon illustre père.
« Qu'ai-je dit ? je me plains et vis dans un palais,
« Au milieu d'une cour, comblant tous mes souhaits,
« Hormis un seul, un seul auquel mon âme aspire,
« Et je crois du héros égaler le martyre,
« Lui qui, sur un rocher, entouré de bourreaux,
« Supporta noblement, jusqu'au bout, tant de maux !
« Mais comment imiter qui fut inimitable ?
« Plus grand dans le malheur dont la rigueur l'accable.

« Qu'au faîte d'un pouvoir qui sur le monde a lui.
« Mon seul espoir sera de mourir comme lui ! »
Alors, prenant la main du vieillard qui l'écoute:
« Gérard ! croyez-le bien, dit-il, je ne redoute
« Ni la mort ni les maux qui viendront m'assaillir :
« Pour atteindre le but je saurai tout souffrir,
« Je saurai défier l'occulte tyrannie
« Qui, jusqu'alors, pesait lourdement sur ma vie.
« Ah ! dites bien à ceux qui vous ont envoyé,
« Combien me rend heureux la touchante amitié
« Qui les porte vers moi. Pour vous qui, plein de zèle,
« Voulûtes m'annoncer cette bonne nouvelle,
« Ami, recevez donc mes suprêmes adieux ! »
Des pleurs, abondamment, s'échappaient de ses yeux.
Pendant que de ses mains il cachait son visage,
Le vieux soldat, qui craint de manquer de courage,
Après un long regard jeté sur l'orphelin,
Lui-même, tout tremblant, s'est éloigné soudain.

Plusieurs mois ont coulé : la vivace espérance
Du Prince, quelque temps, a nourri l'existence.
Mais Gérard n'écrit pas, et bientôt il apprend
Que la France obéit à ce gouvernement,
Produit d'une surprise et d'une tromperie,
Enfant mort-né qu'au jour mit une coterie,
Dont l'égoïsme, hélas ! sut, pendant dix-huit ans,
Comprimer du pays les généreux élans.
Le Prince qui voulait, en imitant son père,
Si, pour lui, le destin était un jour prospère,
Demander au pays la consécration

D'un pouvoir qui, sans lui, n'est qu'usurpation,
Ne pouvait approuver un tel escamotage.
  « Que les Bourbons, suivant les règles d'un autre âge,
  « Se disait-il parfois, parlent de droit divin,
  « Le pays, à coup sûr, n'éprouve que dédain
  « Pour tous ceux qui, du peuple, oubliant les conquêtes,
  « Voudraient le ramener aux temps où, gens et bêtes,
  « Dans l'esprit des seigneurs tenaient le même rang.
  « Il rit, et voilà tout, d'un tel aveuglement !
  « Mais lorsqu'en sa colère, un jour, soudain il chasse
  « Un pouvoir suranné, voudra-t-il, à sa place,
  « Voir ainsi s'implanter un prince souple, adroit,
  « Qui règne insolemment au mépris de son droit,
  « Aidé des renégats du précédent régime ?
  « Il avait un moyen pour être légitime :
  « Il devait consulter la grande nation ;
  « Mais il savait trop bien qu'elle eût répondu : non !
  « Ah ! le pays saura se faire enfin justice,
  « D'un trompeur démasquer le perfide artifice,
  « Et lui prouver bientôt que, s'il est indulgent,
  « On ne peut l'abuser toujours impunément ! »

  Le Prince avait raison, bien que longtemps la France
Ait paru supporter avec indifférence,
Cet égoïsme étroit, mesquin et sans pudeur,
Sacrifiant, hélas ! son légitime bonheur
Aux grossiers intérêts d'un règne misérable,
Sans pouvoir éviter la chute épouvantable
De ce trône croulant sur ses étais pourris,
D'un souffle disparu sous un profond mépris !

Méditez longuement ces jours de notre histoire,
O vous ! qui supposez que, désertant sa gloire,
Le pays n'en a plus nul souci. Quant à ceux
Qui pouvaient croire, alors, que du pain et des jeux,
Comme au temps des Romains, lors de leur décadence,
Suffisaient aux besoins de notre noble France,
Ils ont certainement reconnu leur erreur !

A quelque temps de là le Prince eut un bonheur,
Le dernier qui devait rayonner sur sa vie.
Il reçut en secret, par une main amie,
Une lettre où Gérard, parlant de ses projets,
Lui faisait espérer avant peu le succès.
Il n'en fallait pas tant pour qu'une vive flamme.
Se rallumant soudain, vint embraser son âme.
Mille projets confus se pressent devant lui :
Il y pense le jour, il en rêve la nuit;
Et, pendant ce temps-là, le mal qui le tourmente,
Par l'agitation, sans cesse grandissante,
Aidé dans ses progrès, accroît rapidement.
Qu'importe ! il n'y veut pas songer en ce moment.
Il vit dans l'avenir qui soutient son courage.
L'espoir agit sur lui comme un brillant mirage,
Qui captive son âme et qui séduit ses yeux.
Qu'il est beau de régner en faisant des heureux !

O rêves insensés ! trop fatale espérance !
L'âme a brisé ce corps vaincu par la souffrance,
Et le feu dévorant qui gît dans son cerveau,
Le consume, et le mène à grands pas au tombeau !

Mais lui, sans rechercher si ce corps trop débile
Servant de ses desseins un instrument utile,
Voulant se trouver prêt, quand viendrait le moment
De servir son pays, de reprendre son rang.
Aux plus rudes travaux se livrait sans relâche
Rien ne le rebutait, la plus pénible tâche
S'embellissait pour lui de l'attrait du devoir :
C'était un échelon de son futur pouvoir,
Gage de dévouement qu'il donnait à la France !
« Oh ! disait-il parfois, pays de mon enfance,
» As-tu de l'exile gardé le souvenir ?
  Paris, te reverrai-je avant que de mourir ?
» De mes plus tendres ans séjour rempli de charmes,
» Vois, ton enfant chéri te regrette, et ses larmes,
» Qu'il dérobe aux regards, s'épanchent à grands flots.
» Ne peux-tu lui fournir un remède à ses maux ?
» Tu l'aimais autrefois et, soit par ma mémoire,
» Soit à l'aide des faits qu'enregistre l'histoire,
» Je sais de quel amour pour moi tu fus épris.
» Aurais-je mérité tes dédains, ton mépris ?
» Non, je ne le crois pas ! que ne puis-je moi-même
» Te prouver sur-le-champ à quel degré je t'aime !
» Que ne puis-je aussitôt, au gré de mon ardeur,
» Me rendre, ô mon pays, utile à ton bonheur !
» Mais, que dis-je ? insensé ! captif dans cette enceinte,
» A peine ose-je, hélas ! proférer une plainte.
» Entouré d'espions, tous mes pas sont comptés,
» Mes rêves recueillis et mes soupirs notés !
» Je suis le moucheron que, dans sa toile immense,
» L'araignée, à loisir, riant de sa souffrance,

« Laisse lutter longtemps contre un sort trop certain
« Je lutte mais ne puis éviter mon destin !
« Je sens venir la mort qui, de sa voix fatale,
« A dicté mon arrêt gravé sur ce front pâle.
« Quoi ! mourir à vingt ans, avant d'avoir rien fait !
« Mon Dieu ! tu sais quel sort l'avenir me gardait.
« Prospère ou malheureux je l'accepte d'avance,
« Et je n'ai qu'un seul but : être utile à la France !
« Rends-moi donc la santé, rends à ce faible bras
« La force de porter le glaive des combats !
« Je déteste, il est vrai, l'impitoyable guerre
« A qui mon père a dû sa gloire et sa misère ;
« Mais, de l'humanité nécessaire fléau,
« On doit, en la fuyant, l'affronter s'il le faut !
« Oh ! je saurais, Seigneur, en relisant l'histoire,
« Résister aux attraits d'une stérile gloire.
« Le sang de mes sujets serait sacré pour moi :
« Fidèle à mes serments, esclave de la loi,
« Le but de mes efforts, le rêve de mon règne
« Serait toujours qu'on m'aime et non pas qu'on me craigne ! »

Haletant, éperdu, brisé d'émotion
 Car tel est ton pouvoir, imagination !
Le noble Prince, hélas ! continuait son rêve.
Pour lui plus de repos, plus de paix, nulle trêve.
En vain, luttant parfois, il voulait écarter
Ces fantômes trompeurs qui venaient le tenter.
L'espoir du bien à faire entraînait sa grande âme,
Et ces divins transports, cette céleste flamme,
Ce pur amour du bon qui dominaient son cœur,

Comprimés par la main d'un pouvoir oppresseur,
Augmentaient ses tourments ; cette lutte incessante
Minait rapidement sa santé chancelante.
Souvent les médecins attachés à ses pas,
Ordonnaient le repos qu'il ne connaissait pas.
Esclave des devoirs qu'il s'imposait lui-même,
Il sut les accomplir jusqu'au moment suprême
Où le mal, triomphant, devenu son vainqueur,
L'étendit terrassé sur un lit de douleur !
Lors, la raison sur lui reprit tout son empire,
Le calme lui revint, et, bien loin de maudire
Son destin rigoureux, il sut se résigner.
« Après tout, disait-il, qu'est-ce donc que régner ?
« C'est vivre de soucis, d'éternelles alarmes,
« C'est, en voulant le bien, faire couler des larmes !
« Esclave couronné, jouets des courtisans,
« Ou despote ombrageux mis au rang des tyrans,
« Tel est presque toujours l'abîme infranchissable
« Qu'oppose aux souverains un sort inévitable.
« Oui, j'aurais renoncé de grand cœur au pouvoir,
« Si le ciel m'eut permis un jour de te revoir,
« Pays de ma naissance, ô ma France chérie !
« On a beau faire, vas, toi seule es ma patrie,
« Toi seule as mon amour, hélas ! et mes regrets.
« Ah ! reçois d'un mourant les vœux et les souhaits !
« Je meurs, quoi qu'on m'ait dit sur la terre étrangère :
« L'Autriche m'a nourri, mais la France est ma mère ! »

Tels étaient les pensers du Prince infortune.
Les médecins l'avaient dès longtemps condamné.

Trop certain de son sort, il l'attendait sans crainte,
Comprimant avec soin jusqu'à la moindre plainte
Qui fit croire aux gardiens, dont l'œil le surveillait,
Que le fils d'un héros devant la mort tremblait.
Un soir, il était seul, seul avec le silence :
Un repos bienfaisant allégeait sa souffrance.
Résigné désormais, il attendait sa fin,
Calme comme un beau jour qui touche à son déclin.
Seul, son esprit actif, toujours insatiable,
Cherchait un aliment qui lui fût agréable,
Et, vers les temps passés, dirigeant son regard,
Entre mille grands faits il errait au hasard.
A tous moments, voyez, la gloire paternelle,
Fait aux yeux du mourant briller une étincelle.
Tout-à-coup il fut pris d'un étrange désir :
Il eut voulu sonder, connaître l'avenir,
Savoir si, quelque jour, sa France tant chérie,
Saurait reconquérir sa puissance amoindrie,
Et reprendre son rang parmi les nations !
Lors, Dieu l'exauça-t-il ? ou ces illusions
Qui surprennent les sens quand vient l'heure dernière,
Firent-elles briller leur lueur mensongère ?
Quoi qu'il en soit, soudain il vit à son chevet,
Un Ange, un inconnu dont l'œil le contemplait.
Ses traits majestueux décelaient l'origine
D'un être plus qu'humain : sa parole divine,
Par ses charmes secrets captivait le mourant :
Le noble enfant semblait revivre en l'écoutant !
« A ton ardent désir, peut-être téméraire,
« Dieu, lui dit l'Ange alors, a voulu satisfaire ;

« Et tu vas, par ma voix, connaître l'avenir.

« Pauvre martyr, hélas ! en paix tu peux mourir.

« La France de tes vœux, la France de ton père,

« Renaîtra, sois en sûr, plus brillante et plus fière,

« Et, brisant ses liens pour la seconde fois,

« A jamais de son sein rejettera ses rois !

« Leur race décrépite avilissait le trône !

« Sur un plus digne front déposant la couronne,

« A ton noble héritier, au Prince, ton cousin,

« La France, avec bonheur, confiera son destin,

« Et, retrempant ses droits dans l'urne populaire,

« Trois fois l'acclamera la nation entière !

« Pour lui, loin d'oublier d'où lui vient son pouvoir,

« A l'amour des Français heureux de le devoir,

« Il se rappellera qu'un prince à sa patrie,

« Doit toujours être prêt à dévouer sa vie !

« L'honneur de ses sujets pour lui sera sacré ;

« Son règne à leur bonheur tout entier consacré,

« Fera de l'industrie éclore les merveilles.

« Les labeurs des savants, les produits de leurs veilles,

« Au bien-être commun alors tout servira

« Et, pour tant de bienfaits, la France lui devra,

« La page la plus belle à graver dans l'histoire.

« Celle où brille des arts la pacifique gloire.

« Il sera proclamé son régénérateur !

« Aussi bien que de pain un peuple vit d'honneur.

« Il saura partager les instincts de la France,

« Dans l'intérêt de tous employer sa puissance,

« Et ton noble pays, sous son règne éclatant,

« Sera l'appui du faible et l'effroi du méchant.

« Instruit par les malheurs de ton illustre père,

« Lorsqu'il sera contraint de déclarer la guerre,

« Il saura résister à ces tentations

« Qui perdirent son oncle, et, pour les nations

« Qu'opprime l'étranger, se montrer secourable.

« Ce rôle généreux lui sera profitable,

« Et, sans avoir jamais besoin de conquérir,

« Les despotes jaloux lui verront obtenir,

« Des peuples que charma son habile conduite

« Les provinces que Dieu donna comme limite

« A son puissant Empire ; et c'est ainsi, parfois,

« Que le ciel juge bon de rappeler aux rois,

« Dans quel but, sur leur front, il plaça la couronne.

« Oui, d'un souffle, en poussière il réduira le trône

« De tous ceux qui, trop fiers de leur autorité,

« Oublieront que sa base est dans la liberté !

« Lorsque, dans bien des ans, une France nouvelle,

« De son oncle et de lui fera le parallèle,

« L'histoire en fournira tous les matériaux,

« Et les Français diront : leurs titres sont égaux !

« Le premier du cahos dégagea la lumière ;

« Pour conquérir la paix il sut faire la guerre ;

« Il lui dut sa fortune ainsi que son malheur.

« Mais son plus beau fleuron, son éternel honneur,

« C'est que, de cette main qui créait la victoire,

« Il écrivit des lois, sa véritable gloire,

« Puisque, du conquérant les exploits merveilleux.

« Ne sont qu'un souvenir, un songe glorieux !

« Le second, reprenant son œuvre interrompue,
« Vainquit les factions, dont la triste cohue
« Faisait depuis longtemps le malheur des Français.
« Comprenant son époque, amoureux du progrès,
« Il sut encourager les arts et l'industrie;
« Au pays, qu'il sauva de l'affreuse anarchie,
« Il rendit sa puissance : il fut son bienfaiteur !
« O noble enfant ! tes yeux rayonnent de bonheur,
« Dit l'Ange, a ce moment. Le calme, l'allégresse
« Pénètrent dans ton cœur, et, par leur douce ivresse,
« Émoussent de ton mal les cruels aiguillons.
« Va, sois rempli d'espoir ; bientôt nous nous verrons!»

Il dit et disparait en laissant, dans l'espace,
De célestes parfums qu'il répand sur sa trace.
O pouvoir merveilleux de l'âme sur les sens !
Le moribond renait pendant quelques instants.
Mais bientôt la nature a repris son empire;
La souffrance, en croissant, amène le délire,
Et des derniers adieux l'heure, hélas! a sonné.
Quelques rares amis du Prince infortuné
Pleuraient à son chevet, lorsqu'au moment suprême,
Le calme reparut ; la raison elle-même
D'un rayon fugitif éclaira le mourant.
« Pourquoi me pleurez-vous ? dit-il, je meurs content.
« Sans regret désormais je puis quitter la terre.
« Au céleste séjour je vais revoir mon père.
« Peut-être tout d'abord, quand je l'apercevrai,
« Me dira-t-il : — « Enfant! là-bas, qu'avez-vous fait ?
« Comment avez-vous su servir votre patrie ? — »

« Et moi, je rougirai de ma stérile vie !.....
« Mais quand il connaîtra l'affreuse vérité,
« Quand il verra son fils, indignement traité,
« Mourir à vingt-deux ans dans la prison dorée
« Où, de son existence inutile, ignorée,
« Ont passé les instants, hélas ! si douloureux !
« Il me pardonnera, car je fus malheureux,
« Et j'ai du désespoir vidé la coupe amère !
« Je meurs... Adieu... Je meurs, embrassez-moi... ma mère! »

Il expira. Ces mots furent son dernier cri.
Dans le cœur maternel il avait retenti !
Dieu sait si, dans ce jour, sa justice vengée
Accorda son pardon à la mère affligée ! !

FIN.

TABLE.

FIN DE LA TABLE.